Hans Bergel

Der Tod des Hirten oder Die frühen Lehrmeister

Hans Bergel

Der Tod des Hirten oder Die frühen Lehrmeister

Erfahrungen im Umgang mit der Sprache

Ein Essay

EDITION
Noack
Block

ISBN 978-3-86813-062-1

Herstellung durch Edition Noack & Block
in der Frank & Timme GmbH,
Wittelsbacherstraße 27a, 10707 Berlin.
Gedruckt auf säurefreiem, alterungsbeständigem Papier.

www.noack-block.de

Inhalt

Vorwort

Seit ich *Der Tod des Hirten oder Die frühen Lehrmeister* zum ersten Mal gelesen habe, bin ich davon überzeugt, dass dieses Buch Literatur im besten Sinne ist; Literatur, die in die Welt hinaus und in die Köpfe hinein muss. Umso mehr freue ich mich, dass es mit Ihnen einen Leser gefunden hat, den die heute nicht mehr sehr populäre Gattung des Essays nicht schreckt. Ich verspreche Ihnen, Sie werden belohnt.

Ursprünglich 1985 im Innsbrucker Wort und Welt Verlag erschienen, ist das schmale Bändchen noch immer und vielleicht mehr denn je ein großes Buch. Indem er den Leser an Begegnungen teilhaben lässt, die ihn prägten, entwirft Hans Bergel hier einen Kosmos, der nicht nur sein Verständnis von Literatur erklärt, sondern auch seine Intention zu schreiben und seinen Umgang mit Sprache verstehen lässt. In präzisen Sätzen beschreibt er sein Selbstverständnis als Schriftsteller und Dichter. Mancher „Star“ des gegenwärtigen Literaturbetriebes erscheint vor diesem Hintergrund in fahlem Licht.

Was vor mehr als 30 Jahren formuliert worden ist, trägt nach wie vor. Wer diese Seiten liest, dem eröffnen sie einen neuen, einen tieferen Zugang zu Hans Bergels Werk.

Karin Timme, Verlegerin

Der Tod des Hirten oder Die frühen Lehrmeister

Erfahrungen im Umgang mit der Sprache

Argolis, im Frühsommer des zweihundertsten Jahres seit Jacob Grimms Geburt.

„Die Poesie macht stolz auf die Muttersprache.“
Jacob Grimm (1785–1863)

Mein lieber, junger Freund,

was das denn überhaupt sei, fragtest du mich am Ende unseres letzten Gesprächs ungeduldig: eine „klare, lebendige Prosa“, die sich – wie der große Jacob Grimm meinte – weder „vom geistigen Prinzip entblößen noch vom Leiblichen losreißen“ dürfe, wolle sie ihren Rang bewahren? Und von wem denn einer wie ich, wolltest du weiter wissen, das Schreiben einer solchen Prosa gelernt, wen ich zu Lehrmeistern gehabt habe?

Es sei spät, antwortete ich, und meine Müdigkeit zu der fortgeschrittenen Stunde befähige mich vermutlich nur zu einer unbefriedigenden Erwiderung; ich wolle daher jetzt keine Antwort geben. Doch würde ich über deine Fragen nachdenken und dich die Antwort wissen lassen, sobald ich sie selber kenne. Vielleicht, fügte ich hinzu, schreibe ich dir darüber einen Brief. „Ich verreise demnächst, musst du wissen, für längere Zeit“, sagte ich.

Nun ist ein voller Monat verstrichen, seit wir uns zum letzten Mal sahen. Soeben unterbrach ich meine Reise; ich werde einige Tage in diesem kleinen

Dorf an der argolischen Küste verbringen. Durch das Fenster meines Quartiers im Hause des Fischers Stawros geht der Blick in die seidigblau ausgespannte Weite des Ägäischen Meeres hinaus; ich ahne die Kykladen-Inseln, von deren einer ich gestern Abend mit einem alten Motorboot hierher kam, angeregt übermaßen nicht allein in meinen Gedanken, sondern bis ins Blut hinein von den Bildern und Gesichten der zurückliegenden Fahrten zwischen Thasos, Santorin und Kreta, Rhodos und Lesbos. Noch ehe wir im sinkenden Tag die kleine Bucht anliefen, erreichte mich der Duft des Thymians, der hier allenthalben in den verwitternden Küstenfelsen nistet. Die künftigen Wege durch den Peloponnes vor Augen, konnte ich danach lange nicht einschlafen. Um Mitternacht ging ich barfuß zum Strand hinunter, einen ungeheuren Sternenhimmel über mir, dessen Gold in abertausend Feuern auf der Wasserfläche vor mir zerrann. Später hörte ich noch lange bei offenem Fenster das Schmatzen der Wellen vor dem Flachufer und an der Steilküste.

Gleichwohl, deine Fragen müssen mich all die Wochen über beschäftigt haben. Denn kaum saß ich heute, nach dem Frühstück mit Stawros, am Tischchen unter dem Ölbaum vor dem Haus, traten sie gleich vertrauten Gästen zu mir; es war, als befändest du dich mitten unter ihnen. Und da ich nun das sichere Gefühl habe, dass ich aus der Stille dieser milden, himmelhellen Morgenstunde heraus so recht von Herzen und mit einem freien Kopf werde schreiben können, mache ich mich an die Abfassung dieser Zeilen. Sie werden die Antwort auf deine ungeduldigen Fragen enthalten. Dabei bitte ich dich zu bedenken, dass ich nur von den bescheidenen Erkenntnissen eigener Erfahrungen im Umgang mit der Sprache ausgehen kann, und ich will mich ausschließlich an das halten, was diese mich lehrten. –

Als junger Mensch hatte ich das Glück, nicht allein unter den Lebenden, sondern auch unter den Toten einige Lehrmeister zu finden, die mir nichts schenkten. Wenn ich im einzelnen darüber nachdenke, stoße ich bald auf die Namen von Männern, ohne die der Weg sowohl meiner literarischen und künstlerischen wie menschlichen Entwicklung eine andere Richtung genommen hätte. Ich traf sie kaum auf den Kathedern der Schulen, die ich besuchte, noch wies mich die Schule in zwingender Weise auf sie hin. Das klingt zunächst seltsam, da es zwei Lehrer waren, die mir die ersten Weichen stellten.

Dem einen begegnete ich als Zwölfjähriger – er war ein wenig über zwanzig Jahre alter, an Tuberkulose leidender Volksschullehrer, mit dem ich im Unterricht niemals zusammenkam. Bis heute habe ich nicht erfahren, warum der junge, damals schon todkranke Mann ausgerechnet mir das Buch schenkte, auch nicht, was ihn bewog, das in diesem Zusammenhang rätselhafte Zitat unter die Widmung zu schreiben. Sein Name ist mir nur in Verbindung mit unserer einzigen Begegnung im Gedächtnis geblieben: Er hieß Wilhelm Bartsch, und ich traf ihn, der mir die Augen für die hellenische Antike öffnete, eines Tags in einer alten Schule im südlichen Siebenbürgen, woher ich stamme – eine an der südöstlichen Grenze Europas gelegene alte Landschaft, die öfter die Herren wechselte als dort die Winde umschlagen. Nach einer Pause im Schulhof, während der er uns aus einem Fenster des oberen Stockwerks beim Spielen beobachtet hatte, stürmte ich als letzter die Treppe hinauf; die Korridore waren alle schon leer, ich musste mich beeilen. Da stand der dunkelhaarige, schmale Mann plötzlich vor mir und blickte mich, den er erwartet hatte, aus sonderbar abwesend leuchtenden Augen an. Mit angehaltenem Atem blieb ich stehen, unschlüssig, was ich zu tun habe. Er reichte mir mit einer langsamen, fast feierlichen Bewegung ein in hellbraunes Leder gebundenes Buch, dessen Umschlag mit einer Zeichnung im Jugendstil geschmückt war – ich erkannte ein übermäßig gebauschtes Großsegel und eine an den Mast darunter gefesselte athletische Gestalt, die sich mit einer leidenschaftlichen Bewegung der Schultern und des Kopfes in den Seilen wand. „Lies das“, sagte er, „und behalte es.“ Er lächelte verlegen. Ich stieß: „Danke“ hervor, nahm das Buch und rannte an ihm vorbei ins Klassenzimmer. Es war die „Odyssee“ von Homer.

Den ganzen Nachmittag jenes Tages und die halbe Nacht las ich in dem Buch. Alles um mich herum versank. Ich vergaß, die Schulaufgaben zu machen, musste am Abend drei Mal zum Essen gerufen werden und schloss mich nachher in mein Zimmer ein. Auf die erste Seite war in steiler gotischer Schrift eine Widmung geschrieben und darunter in Anführungszeichen hinzugefügt: „Dessen mein Herz sich vielleicht noch künftig in Träumen erinnert …“ Den Satz spricht die um ihren fernen Gemahl klagende Penelope auf den Stufen des Königspalastes in Ithaka.

Die Welt Homers, der Ägäis, die Wunder des frühen heroischen Hellenentums, die mythischen Namen des abendländischen Beginns, der Zauber der allem Natürlichen entsteigenden, selbst die Steine beseligenden Gottheiten – eingetaucht ins Goldlicht jener Landschaften und des Genies ihres unerreichten Dichters: Es war mein erstes Bildungserlebnis. Es war von unaussprechbarer Heiterkeit im Geist geprägt.

Ein halbes Dutzend Mal las ich damals die „Odyssee“ – und seit ihrer Lektüre sah ich mein Leben und meine Umgebung mit anderen Augen. Ein Tor war aufgestoßen worden, durch das ich wie im Traum schritt. Ich habe im Grunde niemals wieder zurückgeblickt; die vierundzwanzig Gesänge der

„Odyssee“ waren ein Licht, das nicht mehr erlosch. An den jungen Mann jedoch, der mir das Buch geschenkt und mit dem ich nicht mehr als drei Worte gewechselt hatte, erinnere ich mich heute nur mit einem schwer zu bezeichnenden Gefühl des geheimnisvollen Angerührtseins. Ich sehe ihn immer noch vor mir stehen.

Es war freilich zunächst nicht so sehr Hellas als Ganzes, zu dem mir die Lektüre der „Odyssee“ das Tor aufgestoßen hatte: Es war vielmehr Homers Sprache als Mittel der Bildschöpfung, der ich begegnet war. Denn wenn ich bei ihm las, dass der Tod einem sterbenden Krieger „purpurn um die Augen floß“ oder ihm „die Glieder löste“, war ich, wiewohl noch ahnungslos in letzten Dingen, im Innersten betroffen von der Unmittelbarkeit solchen Sprachvermögens. Wenn der Held Odysseus die Sehne seines berühmten Bogens prüft und diese einen Laut von sich gibt, „hell wie Schwalbengezwitscher“, wenn der Zyklop im Zorn einen Felsen ins Meer schleudert, dieser auf den Grund sinkt und das Wasser mit solcher Kraft in Strudeln ansaugt, dass der Rückschlag „wie ein Berg kommt und die Wellen ans Land drückt“, wenn die Nymphen ein „Purpurgewand aus den Farben des Meeres weben“, wenn das vom Blitz getroffene Schiff durch und durch schüttert und die über Bord geschleuderten Männer „wie Meerkrähen auf den Wellen dahintreiben“, oder wenn Odysseus das Schwert mit einer

Wucht durch Nacken und Hals eines Freiers schlägt, dass der noch schreit, während sein Kopf schon zu Boden rollt – indem ich diese pausenlos Bilder gebärende Sprache in mich aufnahm, die ja nicht nur mit einer unfehlbaren Sicherheit den dinglichen Vorgang zeichnet, sondern auch die ihm eignende Dimension des Unaussprechbaren beschwört: die nicht nur das Bild, sondern in diesem zugleich den Gedanken gibt, erlebte ich eine Wirklichkeit von so eindringlicher Nähe und Dichte, Farbe und Lebendigkeit, dass mir nun erst die Augen aufgingen für meine Umgebung: den Wald, die Tiere, die Frauen und Männer, die Laute und Gerüche, die stündlich um mich waren und mit denen ich lebte. Und so, wie ich ahnte, dass in der Wucht des Schwerthiebs Odysseus' nicht nur die athletische Muskelkraft des Kämpfers, sondern die ganze Stimmung des Mannes in diesem Augenblick: die Seele des Odysseus enthalten war, lernte ich, die Bilder über das Optische hinaus zu verstehen.

Wie hätte es anders auch sein können, entdeckte ich doch plötzlich ringsum so vieles von dem, was ich bei Homer las und was Homer zum Anlass nahm, Sprache zum Bild und Überbild zu fügen. Der alte Hund, der bei der Begrüßung seines Herrn vor Altersschwäche gerade noch die Ohren senken und den Schweif regen kann, wie es in der „Odyssee“ bei der Heimkehr des Königs heißt, ich erkannte ihn wieder in unserem großen Hofhund, und mir wurde bewusst, wie homerisch alt der war, ja wie ihm in seinem Alter zumute sein musste. Und Homers über den Flammen hängender Kessel, „dessen Bauch vom Feuer umfangen" wird und so das Wasser wärmt: auch ihn sah ich, wenn im Sommer mitten im Hof das Wasser im Kessel für die Wäsche zum Kochen gebracht wurde. Doch ich erinnerte mich nun, während ich die „Odyssee" las, auch daran, dass es, als mein Großvater starb, ebenso gewesen sein musste: dass Großvaters Seele, wie Homer geschrieben hatte, „gleich einem Traum entflog".

Ich begann zu verstehen, warum ein Bild mehr sagt als tausend kluge Worte.

Alles, was ich später in meinem Leben über Hellas lesen, wissen, erfahren wollte, nahm mit dieser Jugendstil-Ausgabe der „Odyssee" seinen Anfang. Meine Kreuz-und-quer-Fahrten durch den Peloponnes, die Ägäis, durch Kreta oder Zypern, die ich mir erst Jahrzehnte später leisten konnte, waren im Grunde Verwirklichungen jener Träume, die die Irrfahrten des Odysseus in mir geweckt hatten. Ich bin heute noch so verzaubert von ihnen wie damals. Und auch so erschüttert, wie ich es zwei Jahre später war, als mir mein Vater die vielgerühmte, 1931/33 erschienene „Griechische Geschichte" von Helmut Berve schenkte und ich bei der Schilderung des griechischen Selbstmordes, der als Peloponnesischer Krieg bekannt ist und das Ende des Wunders Hellas bedeutete, vor Zorn und Bitterkeit untröstlich weinte. Mit solcher Sicherheit wusste und fühlte ich mich als Teil jener Welt und ihres Schicksals, die unsere Welt und unser Schicksal ist. –

Um diese Zeit übersiedelte unsere Familie in ein mittelsiebenbürgisches Städtchen, wo mein Vater als Musiklehrer am deutschen Gymnasium wirkte. Keine fünf Minuten von unserer Wohnung entfernt lag die eine der zwei Buchhandlungen im Ort. Einer der beiden Buchhändler – ein hagerer, rothaariger Mann, der leicht stotterte – hatte schon bei meinen ersten Besuchen im Laden meine Bücherneugierde erspürt. Als ich an einem warmen, sonnigen Oktobernachmittag wieder einmal entrückt vor dem Schaufenster mit den vielen ausgelegten, über- und nebeneinander gestellten Büchern stand, die mir wie ein Horizont unendlicher Himmelsbreiten erschienen, winkte er mich durch die geöffnete Tür ins Innere des Ladens. Ohne viel zu sagen, schob er mich hinter die Tür, wo auf engem Raum zwischen Ecke und Bücherregalen ein kleines Lesepult stand; dann schwenkte er den Türflügel wieder so weit auf, dass ich ihn gleich einer Schutzwand im Rücken hatte und, vor dem Getriebe im Buchladen abgeschirmt, wie in einem dämmerigen Gehäuse allein war. Er steckte den Kopf zu mir herein, lächelte freundlich und sagte: „Da kannst du lesen, solange du willst. Hol dir die Bücher von den Regalen. Wenn du nicht hinaufreichst, ruf mich."

Illustration von Helmut v. Arz zu „Der Tod des Hirten“ von Hans Bergel, 1985.

Dieser Platz nun, nicht breiter als meine Gestalt im Stehen, wurde für die Dauer der drei Jahre, die wir in dem Städtchen lebten, zu einer Insel des Seligen: zu einem Gipfel, der mich über alles hinaushob, was es an freud- wie leidvoller Verstrickung im Alltag gab – so recht also zu jenem „Palast des Lesers, der dauerhafter ist als jeder andere", wie Ernst Jünger schreibt. Ich las, vor dem kleinen Pult stehend, in den wärmeren Jahreszeiten die geöffnete Tür schützend im Rücken, alles, was mich in dem Laden an Büchern fesselte. Dazu gehörten die „Ilias" und die „Äneis", „Der sinnreiche Junker Don Quijote von der Mancha", aber auch Hamsuns Landstreicherromane, „Oliver Twist" von Dickens, „Die Chronik der Sperlingsgasse" von Raabe, „Rot und Schwarz" von Stendhal, „Anna Karenina" von Tolstoi, „Schuld und Sühne" von Dostojewski ebenso wie Grimmelshausens „Simplicissimus" und Jochen Kleppers gerade erschienenes Romanwerk „Der Vater"; aber auch die Bücher von Karl May und Sven Hedin, zudem „Tausendundeine Nacht" in der Übersetzung von Gustav Weil aus dem Jahr 1866, deren vier Bände mit den vielen Illustrationen mich unsäglich fesselten, und eines Tages zeigte mir der Buchhändler, vor Ehrfurcht flüsternd, eine Ausgabe des „Schatzkästleins des rheinischen Hausfreundes" aus dem Jahr 1847. Ja ich las dort als Vierzehnjähriger Goethes „Wilhelm Meisters Lehr- und Wanderjahre" und sogar – ohne ein Wort zu verstehen, doch fortgetragen vom Hauch der gedanklichen Kühnheit – „Die Welt als Wille und Vorstellung" von Schopenhauer und „Also sprach Zarathustra" von Nietzsche – von dem hageren, rothaarigen Mann gleichsam unentwegt gefüttert mit Büchern, die er mit nicht endender

Geduld und Freundlichkeit von den oberen Regalen herabholte und vor mir auf das Pult türmte. Ob nach Unterrichtsschluss, ob vom Sportplatz oder dem am Rande der Stadt ruhig vorbeiströmenden, vom Geschrei unserer Seeschlachten überhallten Mieresch-Fluss: wann und woher immer mich mein Weg an dem Buchladen vorbeiführte, ich ging hinein, stellte mich hinter die Tür ans Pult und las. Manchmal nur zehn Minuten lang, manchmal fünf Stunden lang. Viktor Langer – so hieß der Buchhändler – schüttete das Füllhorn aller erreichbaren Literaturen über mich wie der Wunderbaum im Märchen seine Schätze über die Goldmarie. Gekauft habe ich in dem Laden niemals ein Buch.

Denke ich an diese erfüllten Jahre meiner Kindheit zurück, so erscheint mir als der sonnigste der vielen Sonnenplätze jener Zeitspanne das zwischen Bücherregalen, Wandecke und Türrücken eingerichtete Gehäuse im Buchladen „Philippi & Langer" in Sächsisch-Regen, dem Städtchen in Mittelsiebenbürgen mit einer der ältesten Kirchen in dieser historischen Landschaft.

Was ich dort fast wie im Traum in mich aufnahm – ans Pult gelehnt, die Ellenbogen auf die dunkelgelbe Holzplatte, den Kopf in die Hände gestützt –, war nun auf weitere Sicht gesehen keineswegs vorrangig oder als allgemeine Sachinformation für mich wichtig und wegweisend. Nein, ich lernte vielmehr immer bewusster das Universum des Buches als jene unbegrenzt vielgesichtige Wirklichkeit meines Lebens kennen, die mich selber und die Welt zu er-kennen mir angemessener und daher auch dienlicher war als alle anderen Mittel, die mir jemals in die Hand gegeben wurden.

Zunächst begann mir damals klar zu werden, dass das Schreiben in der Auffassung jener Autoren, die ich vorzog, ein Instrumentarium der Beschäftigung und Auseinandersetzung mit der Welt bedeutete. Es waren vor allem die älteren. Hingegen schien mir im Schreiben neuerer Autoren zunehmend der Gedanke der Selbstbetrachtung: der Beschäftigung mit dem Ich vorzuherrschen.

Das nimmt ihnen jene breite, im vertrauten Dinglichen gründende Lebensfülle und -wärme, die uns allemal einlädt, uns der Leküre mit fühlbarerem Vertrauen zu überlassen. Denn in der Auseinandersetzung des Schreibenden mit dem greifbaren Tatsächlichen ist auf eine wunderbare Weise die Auseinandersetzung mit sich selber eingeschlossen. Dieser das Hauptaugenmerk zuzuwenden – das erscheint mir immer häufiger nicht nur als die autistische Vernachlässigung der Welt, in der wir leben, sondern auch als der falsche Weg zu sich selbst. Mit einem Wort, ich spürte in der Tatsächlichkeit der Alten das Verlässliche des Unspekulativen; es begegnete mir vor allem bei englischen Autoren.

Doch ebenso, ob ich die „Perser“ von Aischylos, „Coriolan“ von Shakespeare, Boccaccios „Decamerone", Storms „Schimmelreiter", ob ich Mörike, Gogol, Gontscharow oder selbst einen der deutschen Romantiker las, von denen mich Eichendorff bald gefangennahm, überall hier fühlte ich trotz der erheblichen individuellen Unterschiede die gleiche Sicherheit des Griffs, des Atems: die menschliche Nähe also dieser Dichter zum Leser. Ihr Fehlen macht mich bei einer Reihe neuerer Autoren bis heute oft verwirrt, entziehen sich doch ihre zum literarischen Sujet erhobenen Neurosen weitgehend der Gegenüberstellung mit dem, was wir das Reale nennen. Ich empfand auf die Dichter angewendet das, was Jacob Grimm über die Sprache so sagte: „Die alte Sprache und Dichtung sind reiner, unbewusster, dem himmlischen Ursprung noch näher, darum großartiger; die neuen unter den Menschenhänden arm und verwickelt geworden." Thure von Uexküll befand einmal, dass „die Wirklichkeit aus dem Vordergrund unserer Wahrnehmungswirklichkeit immer mehr in den Hintergrund geglitten", dass der Mensch sich selber immer wichtiger geworden sei. Viel schärfer, unakademischer, ja schneidend urteilte darüber Emil Cioran, der in Paris lebende siebenbürgische Pfarrerssohn: ein Jahrhundert Psychologie machte ein Jahrtausend europäischen Lebens- und Kulturwillens zunichte. Aber vielleicht hat all dies im Grunde wenig oder nichts mit den Dichtern und Schriftstellern, ja überhaupt mit dem schöpferischen Menschen zu tun als vielmehr mit dem Zeitsymptom, das an ihnen sichtbar werden will – sie sind von jeher die ersten Gekreuzigten noch nicht erkannter künftiger Entwicklungen und oft die letzten soeben abgelaufener und unerkannt gebliebener.

Freilich war es nicht allein diese Erkenntnis vom Zuschnitt der Autoren und die Buntheit der Gestaltenwelt, was mich während meiner Lektürestunden im kleinen Buchladen erfüllte. Es war mehr noch eine erste Ahnung davon, dass mich aus den Büchern so etwas wie viele unterschiedliche Sprachgesichter anblickten. Sicherlich, bewusst wurde es mir nicht. Das kam viele Jahre nachher. Doch oft glaubte ich damals beim Lesen, die leibliche Nähe der Dichter zu spüren und diese sprechen zu hören. Und heute weiß ich, dass sich damals jene mich später überwältigende Entdeckung vorzubereiten begann: als ich begriff, dass ich nicht mehr Inhalte las, sondern Autoren, als ich den inneren Sprachduktus eines jeden von ihnen klar unterscheidbar vernahm, die Vibration, die jedem auf andere Weise eigen ist, den Tonfall, der jedem von ihnen in unverkennbarer Einmaligkeit anhaftet und ihr Leiden, Fragen und Anliegen eigentlich erst spürbar macht. Solche erste Ahnungen und Vorstellungen waren es, die ich mitnahm, als ich nach drei Jahren den Buchladen zum letztenmal verließ.

Viktor Langer sah ich seither nicht mehr. –

Nur wenige Jahre darauf kam ich in eine Schule, in der ich in deutscher Sprache und Dichtung von einem hervorragenden Mann unterrichtet wurde: Harald Krasser – nach dem als Ordinarius für ältere deutsche Sprache und Literatur an der Leopold-Franzens-Universität zu Innsbruck in Germanistenkreisen legendären Karl Kurt Klein der nächste außerordentliche Germanist, den es um die Jahrhundertmitte und darüber hinaus in Europas Südosten gab. Krasser hatte zuletzt am Katheder für Deutsch, Englisch und Französisch der Babeş-Universität zu Klausenburg den Lehrauftrag für Germanistik als Lehrstuhlinhaber inne. Er hatte in den Jahren zwischen den beiden Weltkriegen bei Koryphäen ihres Fachs wie Gundolf Literaturgeschichte in Heidelberg, Kunstgeschichte bei Pinder in München und Berlin, Musikgeschichte bei Moser in Berlin und Jena studiert. Unter seinem Vorsitz schrieb ich meine Abiturarbeit über Lessings „Laokoon" und dessen Grundlagenbedeutung im Verständnis der bildenden Künste und der Dichtung. Es war die einzige Deutscharbeit in der Abiturgeschichte der Schule, die mit der Höchstnote bewertet wurde. Doch schon im Jahr davor hatte ich auf Krassers Rat hin zum Thema des Abschiedsvortrags im Namen der Abiturklasse Johann Heinrich Pestalozzis Einwirkung auf die europäische Erziehungserneuerung gewählt und den Vortrag vor den Lehrerkollegien sämtlicher Schulen der Stadt und der vom Bischof der Landeskirche angeführten Geistlichkeit gehalten – ein für das

Bildungsverständnis der damals fast sechshundertjährigen Schulgeschichte jener deutschen Stadt in der südöstlichen Exklave bezeichnender Vorgang. Der Pestalozzi-Essay war übrigens meine erste Arbeit, über die öffentlich berichtet wurde. Nun, auch mein strenger Lehrer Harald Krasser hätte Freude über den einstigen Schüler empfinden dürfen. Doch so einfach war unsere Beziehung nicht. Denn trotz unserer fast täglichen fachlichen Begegnungen während der vorangegangenen Schuljahre war es meinem Lehrer auch im Verhältnis zu mir nicht gelungen, jene Schwingung des Persönlichen in der Beziehung herbeizuführen, die einem jungen Lernenden erst den vollen Anreiz zur Beschäftigung mit dem Lehrgegenstand liefert. Es gelang ihm, vermute ich, im Verhältnis zu seinen Schülern niemals. Harald Krasser war von einer eigentümlich spröden und angespannten, in der Beurteilung seiner Schüler aus Hochmut, brillantem Wissen und Gehemmtheit gemischten Haltung. Um den schmalen, schlanken Mann mit dem durchgeistigten Gesicht lag etwas wie eine Schutzhülle aus eisiger Luft.

Lernanreiz ergab sich somit für mich lediglich aus der Einsicht, dass ich es niemals schaffen würde, die Schranke dieser Haltung des Lehrers zu durchbrechen, *ich* wohl schon gar nicht. Vergebens versuchte ich damals, das zu verstehen, und es hatte zu Beginn zweifellos manche Bitterkeit in mir, dem Sechzehn-, Siebzehnjährigen, zur Folge.

Doch ich wuchs daran in dem Maße, in dem ich die Lage begriff und mich gegen den Lehrer und seine unnachgiebigen, oft schroff und abweisend vorgetragenen Lernforderungen behaupten musste – und wollte. Ich brachte in unser Spannungsverhältnis, um das es sich über vier Jahre hinweg handelte, aus jugendlicher Ungebärdigkeit, aus Trotz und einem tief verletzten Gerechtigkeitssinn immer wieder die ungewöhnlichsten Einfälle ein; sie waren im Grunde nichts anderes als Akte des Aufbegehrens.

Da schrieb ich zum Beispiel einmal für sechs meiner Klassenfreunde die Hausarbeit in Deutsch, dazu natürlich meine, auf die ich besondere Sorgfalt verwendete. Denn nicht allein mir: es ging uns allen um den Nachweis, dass meine Deutscharbeiten, wie gut sie immer sein mochten, von Harald Krasser niemals die beste Klassenbenotung erfahren würden – so sehr war mein Verhältnis zu diesem Lehrer Gesprächsstoff an der Schule. Fünf der für die Freunde geschriebenen Arbeiten wurden mir einige Tage danach bei der Besprechung vom Lehrer als Beispiele vor Augen geführt, wie eine tadellos verfasste Deutscharbeit beschaffen zu sein habe. Trotzdem bestand ich meinen erzürnten Freunden gegenüber darauf, Krasser von den ungewöhnlichen Umständen der Hausaufgabe niemals auch nur eine Andeutung zu machen. Ich gewöhnte mich schließlich an das Aussichtslose der Beziehung, das mich freilich zu unverminderter Wachheit im Umgang mit der Sprache erzog. Es war ein harter und dorniger Weg. Wäre ich weniger widerstandsfähig, weniger kämpferisch gewesen, ich hätte an diesem Lehrer früh verzweifeln, ja zerbrechen können; es gab Augenblicke tiefer Niedergeschlagenheit.

Er fand selbst nach glücklich bestandener Reifeprüfung kein Wort der Anerkennung dafür, dass ich den ganzen Jahrgang vor einer möglichen Katastrophe bewahrt hatte. Das kam so: Wir waren im Jahre 1946 der erste Abiturjahrgang nach dem Krieg; der Hass auf alles Deutsche beherrschte auch in Rumänien die Stimmung, trotz des verhältnismäßig guten Einvernehmens, das es zwischen uns dort eingesessenen Deutschen und den Rumänen als Ausdruck jahrhundertelang geübter gegenseitiger Duldung in jener Landschaft gab; die feindseligen Gefühle der Rumänen richteten sich vielmehr gegen die „Reichs"deutschen, wurden aber auch auf uns übertragen. Dass nun unter dem harschen Patronat rumänischer Professoren aus Bukarest geprüft werden sollte, machte die Angelegenheit zum Abenteuer. Allein der Nervosität unserer Lehrer wegen werde ich es niemals vergessen.

Als erster im Alphabet trat ich vor die Prüfungskommission, schon vor der Tür von einem unserer Lehrer eindringlich gemahnt, mich durch Demütigungen nicht provozieren zu lassen. Kaum hatte ich am Prüfungstisch Platz genommen, begann der Bukarester Germanist, mit Studium in Leipzig und

Heidelberg, zu deklamieren: „Habe nun, ach! Philosophie, Juristerei und Medizin … Fahren Sie, bitte, fort, Herr Kandidat." Wohl hatte Faust I und II zum Lehrstoff gehört, doch ihn auswendig zu lernen, bestand keinerlei Vorschrift. Hätte ich nun aber geantwortet: Es täte mir leid, doch den „Faust" müsste ich nicht aufsagen können!, wäre ich wahrscheinlich mit der schlechtesten Note entlassen worden, ohne dass mein Widerspruch etwas gefruchtet haben würde. Denn nicht erst nach dem Zweiten Weltkrieg, schon nach dem Ersten waren die hauptstädtischen Prüfer dafür berüchtigt, im Umgang mit den Abiturienten der deutschen Schulen wie Sklaventreiber aufzutreten. „Abiturgemetzel" hatte der Leitartikler einer deutschen Zeitung in Hermannstadt damals seine protestierenden Ausführungen überschrieben. Eine knappe Viertelstunde nach der Aufforderung des Bukaresters, den Faust aufzusagen, hatten die Mitglieder der Prüfungskommission, diesmal freilich zwischen Erschrecken, Verblüffung und Staunen, sozusagen einige Wechselbäder genommen: denn ich hatte den Anfang des „Faust I" bis zur Unterzeichnung der Wette zwischen dem Doktor und dem Teufel aufgesagt: „Blut ist ein ganz besondrer Saft …", hatte mich an dieser Stelle unterbrochen und gefragt: „Darf ich fortfahren?" Ich hatte es auf rumänisch gefragt und erhielt nun auf rumänisch Bescheid: „Merci, ajunge, domnule candidat! …

Danke, es genügt, Herr Kandidat! … Ich werde Sie für die beste Benotung vorschlagen."

Das Wichtige an dem Vorfall war, dass es uns für den Rest der Prüfungen erspart blieb, mit Fragen außerhalb des Lehrplans behelligt zu werden. „Faust I" beherrschte ich damals auswendig – Folge einer Wette, die ich zu Beginn des Schuljahres mit einigen Freunden abgeschlossen hatte; meine Freundin erschien zu jedem Rendezvous mit einer in Leipzig, ehemals der deutschen Stadt mit den meisten Verlagen, erschienenen ledergebundenen „Faust"-Dünndruckausgabe und gab keine Ruhe, bis ich Seite für Seite auswendig aufsagte.

Harald Krasser ist der einzige meiner Lehrer gewesen, der 1946 nach dem ersten Prüfungstag nicht zu mir kam, mir zunickte, mir die Hand drückte; alle anderen versicherten, mir meine sämtlichen Eseleien aus den Schuljahren verziehen zu haben; allein er fand kein Wort. Darüber habe ich oft nachgedacht – auch Jahre später. Als ich meinem ehemaligen Lehrer kurze Zeit vor seinem Tod in Freiburg im Breisgau wiederbegegnete und uns ein ungewöhnlich herzliches Verhältnis verband, merkte ich nach und nach, dass eine Veranlagung zu starker, oft unüberwindlicher Scheu ein Hauptmerkmal seines Wesens war. Gelang es, sie zu durchbrechen, öffnete er sich mit unvermuteter Güte. Gepaart mit seiner hellsichtigen Geistigkeit ergab sich ein Persönlichkeitsbild eigenartiger Anziehungskraft.

Eines aber vor allem lernte ich als Schüler dieses Mannes für alle Zeiten: Ohne es zu wissen und zu wollen lehrte er mich die Selbstdisziplin, selbst unter den widrigsten Umständen zu schreiben. Überlege ich, wie mein Leben verlief, so bin ich ihm dafür zu Dank verpflichtet. Gegrollt habe ich ihm niemals; dazu war meine Bewunderung seines Wissens auf dem Gebiet, das mir Lebensinhalt werden sollte, zu groß. Vielleicht, denke ich, war ich zu sehr der Gegenentwurf dieses ganz der Gelehrsamkeit zugewandten Mannes – er hat das sicherlich manchmal eindringlich empfunden. Ich bin glücklich, ihm bei der Überreichung eines Kulturpreises, mit dem er wenige Jahre vor seinem Tod öffentlich geehrt wurde, in einer mit viel Bedacht ausgearbeiteten Laudatio noch einmal Dank und Achtung bekundet zu haben. –

Als noch nicht Achtzehnjähriger hatte ich, außerhalb der Schule, eine erste Begegnung mit einem deutschen Dichter des ausgehenden 18. und beginnenden 19. Jahrhunderts, die mich von Grund auf fesselte, erregte und aufwühlte. Mir war eine Ausgabe der Erzählungen, Novellen und Anekdoten Heinrich von Kleists mit Holzschnitten eines mir heute namentlich nicht mehr geläufigen Künstlers in die Hände gefallen. Ich entsinne mich, dass ich in die Lektüre dieser Arbeiten wie in einen übermächtigen Sog hineingeriet und vom Gefühl völligen Ausgeliefertseins beherrscht war. Streckenweise bebte ich innerlich vor Angst, während ich las, sodass ich das Buch aus den Händen legen musste; es wiederholte sich, nachdem ich in den Besitz einer Ausgabe der Briefe Kleists gekommen war und mich besonders in die letzten an Ulrike vertieft hatte.

Die Maßstäbe, die sich mir beim Kennenlernen dieser genialsten, kraft- und zugleich zuchtvollsten Prosa deutscher Sprache erschlossen, wurden bestimmend für meinen Anspruch auf und meine Auffassung vom geistigen Raum des geschriebenen Wortes. Denn es waren keineswegs in erster Linie die Urgestalten des Kohlhaas, der Kirchenschänder, der Marquise und all der anderen, zu denen später die Dramengestalten hinzukamen, was mich traf, sondern es war der Sprachraum, in dem und aus dem Kleist dichterisch lebte – eine Verdichtung des sprachgestalterischen Willens und, damit zusammenhängend, eine Konzentration der Form im Ganzen, wie sie mir in der Weltliteratur kein zweitesmal begegnete: die keine Mattheiten kennt. Kleist ist der einzige Prosadichter aller Literaturen, der eine Novelle von der Dimension der „Marquise von O ....“ mit so nahtloser Spannung durcherzählen kann, als trüge er sie in *einem* Satz vor. In seiner lapidaren Feststellung, dass die Form in der Kunst alles sei, ist ein ganzes Programm enthalten.

Ich habe die Erzählungen und Novellen dieses Dichters in den Jahrzehnten nachher nicht mehr aus der Hand gelegt. In den Ausgaben, die ich besaß und aus jenen Jahren zum Teil noch besitze, sind die Seitenränder vollgekritzelt mit Anmerkungen zu Stoffaufbau, Handlungsführung, Syntax, Sprachformeln und Zeiten. Sie wurden P. P. zu ersten Faustregeln in meinem Brevier von der Kunst des geschriebenen Prosaworts. Vor allem aber begriff ich an diesem Dichter mich selber: jeden Stoff nämlich aus dem Zwang zur Sprache heraus zu entwickeln, den Stoff nur insofern zu beachten, als Sprachinspiration und -vermögen des Dichters etwas aus ihm machen. Ohne die Gnade der Sprache, erfuhr ich an Kleist, glückt keinem Stoff die Wiederbegegnung seiner selbst im Geist. Die „reinigende Kraft“ der Sprache nennt Ernst Jünger es und vermerkt, als hätte er an Kleist gedacht: dass sich in der Dichtung alles sagen und alles wagen lasse vom Autor, der sie kennt.

So vermittelte mir Heinrich von Kleist die Grunderkenntnis meiner Anlage als Schreibender. Denn an ihm wurde mir klar, dass ich als Dichter niemals anders als aus dem Antrieb heraus würde schreiben können, den er – der Unübertroffene – allen vorgezeigt hatte: die Kunst des Schreibens als Vorgang bildnerischer Gestaltung allein mit dem Willen und vom Willen der Sprache her, ohne dabei auch nur andeutungsweise die Kontrolle über Sinn und Gehalt des Gedankens preiszugeben. Die Ausstrahlung kommt von der Sprache, die Unabweisbarkeit der Aussage vom Gedanken, der in der Sprache die restlose „Inkarnation“ finden muss. Glückte je die reine

Synthese? Viel später las ich beim Puritaner Th. S. Eliot den Satz: er habe zeit seines Lebens nur aus der Disposition der Sprachgestimmtheit heraus an die Arbeit gehen können – den Stoff, den Gegenstand habe er immer erst hinterher gesucht, ihn also lediglich als Mittel verwendet. Dies allein ist seit jeher Ausgang der Dichtung. Es wurde mir früh bewusst, dass sich das Schwierige meiner Befindlichkeit im gegenwärtigen deutschen Literaturbild aus dieser Stellung ergibt. Fiel hier die Dichtkunst in den letzten Jahrzehnten durch die herrschenden, allem Künstlerischen im Grunde zutiefst abgeneigten Epochenideologien nicht unangemessen einseitig weitgehend in die Hände sogenannter Sozial- oder Gesellschaftskritiker? Klassenkampf als Legitimation künstlerisch-literarischen Anspruchs? Nun, das gehört der nämlichen Kategorie an, über die Schopenhauer ironisch anmerkte, es müsse hier wohl von Schriftstellerei über das Schnapsbrennen die Rede sein. Doch auch die andere Anmerkung Schopenhauers gehört hierher: „Das Verdienst eines lesenswerten Schriftstellers", schrieb er, „ist umso größer, je weniger es dem Stoff verdankt." Nur wenn der Zwang zur Sprache die Absicht des Gedankens dominiert, kann dieser mit einer äußersten Prägnanz und Faszination der Beredsamkeit vorgetragen werden.

Als junger Mensch verfasste ich Dutzende von Erzählungen und Novellen, die im Banne der kleistischen Prosa standen. Die Loslösung von dem übermächtigen Lehrer vollzog sich ohne Revolte gegen ihn, jedoch in einem sich über Jahre hinziehenden schwierigen Prozess der Selbstfindung, zu der er mich wie kein anderer Dichter anhielt, ja zwang. Als ich mich längst gelöst hatte, schrieb einst ein Kritiker über einige meiner Erzählungen, sie seien „mit der Prägnanz kleistischer Sprachkunst" vorgetragen. Ich halte dies insgeheim für die höchste Achtungsbezeugung, die mir als Schriftsteller je zuteil wurde.

Weder Kleist verkleinernd noch mich vergrößernd, sei hier ein weiteres festgehalten: Ich fühlte mich in jungen Jahren diesem Dichter verwandt wie ein Bruder, und als sei ich sein Zeitgenosse, schrieb ich dem Verzweifelnden Briefe und ließ ihn wissen, dass ich das letzte Stückchen Brot und den letzten Funken Mut mit ihm zu teilen bereit sei. Über die Hintergründe solcher Zuneigung von schmerzhafter Eindringlichkeit ließe sich sehr viel mehr sagen, als hier angezeigt ist. Das Gefühl dieser Nähe zu ihm aber trieb mich eines Tages zwangsläufig zu einer ausgreifenden Auseinandersetzung mit dem Verhältnis Kleist–Goethe. Es wurde ein literaturhistorisch-psychologischer Essay von zweihundert Manuskriptseiten. Während der Arbeit ging mir das Wesen des einen wie des anderen Bewunderten, die ich für die beiden größten deutschen Dichter halte, in einer Deutlichkeit auf, wie sie nur der Vergleich zutiefst gegensätzlicher Naturen ermöglicht, wie sie vor allem nur der beiden Seiten zugeneigten Liebe des Untersuchenden gelingt.

Im Aufeinanderprall Goethe–Kleist, begriff ich, drückt sich wie in keinem ähnlich gelagerten Fall so etwas wie die Ursituation des deutschen Geistes aus. Denn die Protagonisten dieses Aufeinanderpralls verkörpern in klassischer Ausprägung die beiden konträren Orientierungsmöglichkeiten der geistig-moralischen Grundanlage der Deutschen. Kleist unternahm es, mit den Mitteln seiner nordisch-„teutonischen" Substanz jenen Weg zu gehen, den der achtundzwanzig Jahre ältere Goethe einst entschlossen verlassen hatte: weil er die Orientierung dieses „nordischen Erbteils", wie er sagte, allein am Maßstab der ausgereiften Formen des südlichen-mediterranen Welt- und Selbstverstehens für erstrebenswert und möglich hielt. Dass der an der Kultur klassischer Maßeinheiten geformte Goethe bis ins Mark erschrak, als ihm in Kleist jener Radikalismus, jener Furor „teutonischer" Genialität wiedererstand, den er selber abgelegt hatte und damit für alle endgültig überwunden meinte, birgt in knapper Formel die Tragödie dieser Begegnung und den axiomatischen Hinweis auf die Situation der mächtigen inneren Spannung, in der die Deutschen leben. Zur Genetik kommt der geographische wie geopsychische Standort hinzu: Sie leben in der an Spannungen reichsten und mächtigsten Schnittpunktzone Europas – im Strahlbereich der östlich-slawischen, der nördlich-skandinavischen, der westlich-anglofränkischen und der südlich-romanischen Kulturen. Sie müssen diese in sich aufnehmen, verarbeiten und in eigene Persönlichkeit umsetzen. Sie leisteten hier historisch Unerhörtes. Und sie werden diese innere wie äußere Situation als Schicksal mit Bejahung annehmen und sich ihr stellen müssen oder untergehen – und mit ihnen der Kontinent. Vor diesem Hintergrund sind Goethe und Kleist nach Genie und Dynamik des Antritts, nach Elementarkraft des Gefühls und des Gedankens Zwillingsbrüder, die verschiedene Wegrichtungen wählten, jedoch dasselbe Ziel meinten. Ihre Verwandtschaft liegt in ihrem Rang.

Keiner aber der beiden wurde von den Deutschen als jene zwingende Orientierungsform begriffen, die sie angehalten hätte, das genetische wie historische nationale Rohmaterial ohne die gefährlichen, weil unverarbeiteten Restbestände zu humanisieren. Ist letzten Endes ihre geschichtliche, moralische und kulturelle Katastrophe im 20. Jahrhundert – eine für die europäische Situation repräsentative Katastrophe, deren Exponenten aus Potenz und Anlage heraus aber nur sie sein konnten – nicht hierauf zurückzuführen?

Als ich 1968 nach Deutschland kam, fiel mir Günter Blöckers 1960 erschienenes Buch „Heinrich von Kleist oder Das absolute Ich“ in die Hand. Seine

Lektüre gehört für mich zu jenen Literaturerlebnissen, die mich in einer nur schwer erklärbaren Weise betroffen machen – hier dadurch ausgedrückt, dass in Blöckers hervorragendem, zur selben Zeit wie mein in der südöstlichen Isolation entworfener Essay entstandenen Buch nicht nur Schlüsselbegriffe, sondern sogar ganze Satzwendungen und Formulierungen genau so zu lesen waren, wie ich sie in meiner Arbeit gefunden und niedergeschrieben hatte. „Ohne jeden Anspruch", wie ich schrieb, teilte ich Günter Blöcker diesen Umstand in einem Brief mit; ich erhielt von ihm sein Buch „Literatur als Teilhabe" mit der Widmung: „Als kleine Gegengabe für das große Geschenk Ihres Briefs vom 19. März 1968."

Deckt die Literatur, über alles Ästhetische hinausgehend, in solchen Fällen nicht Wurzeln auf, aus denen heraus sie uns ein anderes Verständnis ihrer selbst vorschreibt, als wir es ihr in unseren hilflosen Begriffsvokabeln zuweisen, jenseits jeder Schulweisheit, die wohl dazu taugt, die Vordergründigkeit schöpferischer Vorgänge zu bezeichnen, kaum aber zu mehr? Doch sollte ich um die Zeit der ersten Kleist-Lektüre die Hinweise auf diese Hintergründigkeit außerästhetischer Zusammenhänge in meiner schriftstellerischen Arbeit noch viel deutlicher erfahren. Dafür ein Beispiel.

Angeregt durch den „Kohlhaas", begann ich alte Chroniken und Geschichtswerke nach einem

Stoff zu durchsuchen, dessen Anlage im Realen wie Atmosphärischen meinem augenblicklichen Gestaltungsbedürfnis entgegenkam. Im ersten der vier Bände der „Geschichte der Siebenbürger Sachsen“, die ich in einer meinem Großvater gewidmeten Halblederausgabe besitze, fand ich einen Absatz, der die Belagerung des im äußersten Südosten der Landschaft gelegenen Bergschlosses zu Rosenau schildert: Der Befehlshaber des Kastells und Richter der Ortschaft, Piter Durmes, soll nach monatelangem Widerstand von einer Partei unter den Verteidigern gezwungen werden, dem belagernden Heer des Fürsten Báthory (1589–1613) die Tore zu öffnen; als er sich weigert, wird er von den Meuterern überwältigt und, nach Öffnung der Tore, an den Fürsten ausgeliefert, der ihn enthaupten lässt; doch ebensowenig erfreuen sich die Meuterer wie die übrigen Verteidiger der versprochenen Schonung … Ich nahm die paar Zeilen zum Anlass, eine weitgespannte Novelle auf dem düsteren Hintergrund des letzten Jahrzehnts vor Ausbruch des Dreißigjährigen Krieges zu schreiben.

Unmittelbar nach der einen Sommer beanspruchenden Arbeit hielt ich mich zusammen mit meinem Vater und meinen Brüdern besuchshalber bei einer entfernten Anverwandten auf, einer klugen und gebildeten Frau, die meine literarische Arbeit mit Anteilnahme verfolgte. Auf ihre Frage hin berichtete ich von der Novelle „Piter Durmes“, die ich bald danach zu einem dreiaktigen Bühnenstück umschrieb, und erwähnte dabei, da sie Näheres zu wissen verlangte, unter anderem einen in Teutschs Geschichtswerk wohl nicht genannten, jedoch bei Abwägung der Umstände durchaus möglichen und daher von mir in der Novelle erfundenen Brief des Durmes an eine benachbarte Stadt mit der Bitte um Hilfe gegen die Fürstlichen. Mir fiel, während ich sprach, die wachsende Aufmerksamkeit der Fragerin auf. Nachdem ich geendet hatte, holte sie aus einem Biedermeiersekretär eine große, hellgelbe Ledermappe und sagte: „Mein Vater war, wie ihr vielleicht wisst, zu Ende des 19. Jahrhunderts einige Jahre lang als Kopist in den Budapester Staatsarchiven beschäftigt. Gegen die Auflage, keinerlei weitere Verwendung davon zu machen, war es ihm, dem Liebhaber historischer Schriftstücke, erlaubt, ab und zu für seine Privatsammlung eine Chronik, ein bemerkenswertes Gerichtsurteil oder einen bedeutsamen Brief abzuschreiben. Ich besitze einen Teil seiner Sammlung." Sie schlug die Mappe auf, holte eines der Blätter heraus und legte es vor mich auf den Tisch. „Der Brief, den du erfandest", sagte sie, „wurde tatsächlich geschrieben. Hier ist seine Abschrift. Es stimmen nicht nur die Einzelheiten des Inhalts überein, wie die Angabe über die Stärke des belagernden Heeres, der Angriffsplan zum Entsatz des Schlosses, der Adressat und der Inhalt des Postskriptums, sondern ganze Satzwendungen, der

Aufbau der Briefe und deren Umfang …" Unsere erste entzückte Überraschung wich bald allgemeiner Nachdenklichkeit, ja Betroffenheit, als wir in einem bis in die Morgenstunden ausgedehnten Gespräch das Rätsel der Gleichartigkeit der Durmes-Briefe zu ergründen versuchten – des historischen und des fiktiven. Es gelang uns nicht, die Frage zu beantworten: Wer hatte mir den Brief „diktiert"?

Wenige Tage darauf starb mein Großvater mütterlicherseits. In ihrem Kummer bat mich die Großmutter, die „vielen, von Großvater beschriebenen Papiere", wie sie sagte, an mich zu nehmen; sie wisse nicht, was er in den letzten Jahren aus all den dicken Büchern und Matrikeln – wie in österreichischer Ausdrucksweise vormals in Siebenbürgen die Personenstandsregister hießen –, die er aus dem Gemeindeamt immer wieder nach Hause gebracht, studiert und abgeschrieben habe. Die Schriftstücke waren bald darauf Gegenstand meiner Entdeckerneugierde.

Zunächst erschien mir die Sammlung der mit brauner Tinte beschriebenen gelblichen Papierbogen als willkürliche Zusammentragung alter, noch in Florentinischen Gulden angegebener Rechnungen, dazu mir unverständlicher Prozesstexte, Grundbuchauszüge, Geschäftsbriefe und vielerlei Notizen. Dann aber wurde mir klar, dass es sich um die Unterlagen für eine Familiengeschichte handelte. Schließlich fiel mir eine Liste meiner bis ins

15. Jahrhundert zurück urkundlich belegten Vorfahren in die Hand. Bei ihrer Lektüre am Beginn des 17. Jahrhunderts angekommen, überlief es mich heiß, denn unter der Jahreszahl 1612 war ein mir längst Bekannter angeführt. Ich las den Namen laut vor mich hin: „Piter Durmes, Richter, 1612 enthauptet“, stand da … Wie? dachte ich, ausgerechnet ihn hatte ich aus der Fülle der auf über anderthalbtausend Druckseiten von den Historikern Teutsch Vater und Sohn geschilderten Ereignisse und Gestalten der Geschichte Siebenbürgens zum Heroen meiner Novelle gemacht? Wieso ausgerechnet ihn, da ich doch aus der Menge dramatischer historischer Vorfälle Dutzende anderer Motive ebenso hätte auswählen können? Was hatte mich veranlasst, aus dem vierbändigen Geschichtswerk genau jene dürftigen sechzehn Zeilen über Durmes als Grundriss meines Novellenplans herauszugreifen? Die Frage blieb mir bis heute unbeantwortet. Was einem Dichter beim Schreiben die Hand führt, ist mir seitdem mit der Floskel „Literatur“ bei weitem nicht mehr erklärt. Die „Durmes“-Novelle jedenfalls, die mir übrigens mit anderen, umfangreichen Arbeiten, darunter einem zweibändigen Roman Ende der fünfziger Jahre bei meiner dritten Verhaftung durch den kommunistischen Sicherheitsdienst für immer abhanden kam, verbindet sich mir in der Erinnerung jener frühesten Begegnung mit Heinrich von Kleist.

Noch eines aber ging mir bei der Auseinandersetzung mit dem Phänomen der kleistischen Sprachbehandlung auf: ich halte seither nichts von dem geflügelten Wort, dass „Sprache selber dichtet und denkt". So bestechend das klingt, es ist falsch. Sprache kann von der Melodik und Rhythmik her Wort-, ja Satzfolgen anregen, vorzeichnen, sogar bestimmen. Sie kann von daher Gedanken lenken, indem sie diese in den Fluss ihres Schrittfalls wie ihrer Lautmusik zwingt und ihnen damit die Richtung weist. Die Sprache hat nicht zuletzt auch Führungskraft. Diese erklärt sich aus der enormen Informationsfülle, die sie enthällt, und zugleich aus dem Rhythmus ihrer Bewegung, dem sich Dichter wie Erzähler anvertrauen. „Dichter und Schriftsteller, in der Begeisterung und Bewegung durch ihre Gefühle", schrieb Jacob Grimm, „vernehmen dies unsichtbare Walten" in ihr. Kleist z. B. beherrschte die hieraus erwachsende Magie der Sprache wie wenige Dichter, und er ließ sich – etwa im Unterschied zu Schiller – niemals dazu verführen, über den Wortsinn hinaus von ihr entführt zu werden. Er bediente sich dieser Magie in einem Maß der Formbewusstheit wie kein anderer Dichter deutscher Sprache: bis jener sprachliche „Glutfluss" entstand, den ihm ein Literaturhistoriker nachsagte. Vermöchte Sprache selber zu dichten und zu denken, bedürfte es des fühlenden und denkenden Menschen nicht, der sie handhabt. Nein, Sprache öffnet den von anderen vor uns geschaffenen, von uns bereicherten rationalen wie emotionalen Raum und bietet in ihm die Orientierungsmarken und -hinweise, daran sich unser Ideen- und Gefühlspotenzial enthüllen und realisieren kann. Je bedeutender die Kulturleistung unserer Vorgänger und unserer Generation in und an der Sprache ist, um so weiträumiger und zugleich im einzelnen verlässlicher werden sowohl unsere Selbst- und Welterkenntnis als auch unsere Ausdrucksfähigkeit möglich sein. Daher eben ist ja Sprache kontinuierliche Aufgabe wie Verantwortung der Generationen: sie ist das schicksalentscheidende Erbe, das ein Volk oder eine Kultur an die weitergibt, die im nächsten Geschlecht kommen. Sie ist der gewichtigste Generationenvertrag – und der am meisten bedrohte.

Die erste Reise nach meiner Ankunft im März 1968 in Deutschland machte ich nach Berlin. Zu Kleists Freitodstätte am Kleinen Wannsee. –

So unverrückbar meine Grundanschauung vom Kunstkosmos des geschriebenen Wortes durch Kleist auch bestimmt war, so wesentlich wurde später die Begegnung mit einem anderen Lehrmeister: mit dem Franzosen Gustave Flaubert. Er war für mich wichtig, weil ich an seiner Prosa – wie er sie vor allem im Roman „Madame Bovary", noch mehr im ägyptischen Tagebuch schrieb – das Verständnis der Wirklichkeitsbezeichnung im gallisch-romanischen zum Unterschied vom kleistisch-germanischen Sinne begriff. Wobei allerdings nicht übersehen werden darf, dass Kleist fast bis ins Pubertätsalter besser französisch als deutsch sprach und Wesentliches in der Genauigkeit seines Duktus auf die Schulung am Geist des Französischen zurückgeführt werden kann. Transparenz, Distanz, Nüchternheit flaubertschen Stils halfen mir ausschlaggebend, mich aus Kleists überdimensionaler Wirkung zu lösen.

Vierundzwanzigjährig, begann ich nach meiner Flaubert-Entdeckung alles zu lesen, was mir an Franzosen in die Hände kam. Das waren im Laufe der Jahre nicht allein die bedeutenden Romanciers und Novellisten – die Le Sage, Voltaire, Renan, Zola, Maupassant, Proust, Barbusse, Claudel, Giraudoux, Rolland bis hin zu Montherlant, Allain-Fournier, Léautaud oder Malraux, vor allem aber Daudet, Balzac, Stendhal, Mérimée und Camus –, sondern ebenso die Moralisten: die Montaigne, Rivarol, Montesquieu, Chamfort, La Rochefoucauld, Vauvenargues – und Cioran. Mit wachsender Spannung lernte ich die französische Literatur als einen Fall von Wertbeständigkeit der Stil-, Mentalitäts- und Kulturkontinuität kennen und bewundern, der in Europa einmalig ist. Die Jahrhunderte hindurch niemals aus dem Auge verlorene pflegliche Arbeit am sprachlichen Ausdruck, an der sich hier – wie an einem Staffellauf – die Autoren aller Generationen mit der gleichen Verbindlichkeit dem Heiligtum Sprache gegenüber beteiligten, findet in der clarté und lucidité flaubertscher Prosa einen Höhepunkt. Beginnt aber diese Kontinuität nicht schon bei Cato d. Ä., spätestens bei Caesars „De Bello Gallico“ und „De Bello Civilis“ mit der unumdeutbaren Orientierung auf eine Auffassung vom Sprachgeist hin, die noch in General Charles de Gaulles „Mémoires“ fortlebt? Es war fast sechs Jahrhunderte lang römische Tradition, dass sich die Massen in den Arenen und Amphitheatern beim Erklingen von Versen ihres größten Dichters, Vergil, von den Plätzen erhoben, ohne dafür einer Aufforderung zu bedürfen. Beides – Respektbezeugung wie deren Kontinuität über die Epochen hinweg – sind einzigartige Vorgänge. Es sind par excellence lateinische Vorgänge.

Denn wie anders liegen diese Dinge im Bereich der deutschen Sprache und Dichtung. „Deutschland fragt nach Gedichten nicht viel“, schrieb Goethe. Hier muss jeder, wie Kleist sagte, „von vorne beginnen“: sich die Sprache selber schaffen, mit der er arbeiten, in der er sein will. Der Reichtum, der der deutschen Dichtung hieraus erwuchs, ist mir sehr wohl bewusst: Vielfalt bis zur verwirrenden Uneinheitlichkeit, Bewegtheit bis hin zur hochgespannten Weltabgewandtheit – Fichte deutete in seiner vierten Rede aus dem Jahre 1807/08 einiges davon an. Doch auf eine bedrängende Weise bewusster sind mir die Gefahren, die den Deutschen aus ihrer in jeder Generation von neuem versuchten Selbstzerstörung und Vernichtung des Kontinuitätswertes zwingend als ein Element der Unberechenbarkeit erstehen. Ein kluges französisches Ondit sagt: Die Deutschen vergessen zu schnell, die Franzosen können nicht vergessen. Wer die mundfertige Formel näher untersucht, wird hier die für manchen schauerliche Unberechenbarkeit der kindhaften wie bedenkenlosen deutschen Neigung zum historischen Vergessen und Selbstvergessen gegen die ihrem Ursprung nach lateinische Disziplin des Kontinuitätswillens der Franzosen abgewogen sehen. „Überhaupt", notierte Ernst Jünger, „hat man am Mittelmeer den Eindruck größerer Beständigkeit als in unseren Nordländern." Welche Wandlung der Einsicht, des geistigen wie kulturellen Selbstverständnisses seit Johann Wolfgang von Goethe, ist man gedrängt zu sagen, der einmal von „des Nordens Dauer" sprach, die Jünger an anderer Stelle sarkastisch bezweifelt.

Gustave Flaubert war und bleibt für mich im Bereich der Literatur die Personifizierung des genauen Gegenteils dieser nordischen Bereitschaft zum Unberechenbaren, von der ich mich, je älter ich werde, immer bewusster entferne. Dass sich die flaubertsche Kristallisation des Phänomens solcher romanischer Kulturkontinuität im vornehmsten, weil humansten Medium unseres Ausdrucksbedürfnisses, in der Sprache also ereignet, lässt den zehn Jahre nach Kleists Tod in Rouen Geborenen zu einem Prototyp des Geistes der Franzosen werden. In Flaubert lebt jene mediterrane Gabe, die alle Geistigkeit als eine höchste Form des Spiels zu begreifen imstande ist – so wurde hier Intellektualität zum berühmten Esprit.

Über der Beschäftigung mit Flaubert aber wurde mir nach und nach auch deutlich, was es im Grunde ist, das die Welt an uns Deutschen fürchtet, wovor sie, wie Martin Walser einmal schrieb, beim Wort Deutschland „zusammenzuckt“: eben jene Lust am sentimental-formlosen Wilden der Gemütsbewegtheit, die sich bis heute der allgemeinverbindlichen Zügelung, sei es in goethescher, sei es in kleistischer Orientierung tragisch verweigert. Beim tieferen Einblick in die Absichten der Prosa Gustave Flauberts kam mir auch zum erstenmal der unvaterländische Gedanke, dass die Deutschen vor dem Denkmal ihres Cheruskerfürsten Arminius den verehrenden Blick in gewissem Sinne in die falsche historische Richtung wenden, denn es hätte ihnen unendlich viel genützt, wären ihre Väter in der Schlacht im Teutoburger Wald die Verlierer gewesen und hätten die siegreichen Römer zwei, drei Jahrhunderte lang Klarheit und Zucht lateinischer Ratio und Härte der zu faustischem Extremismus wie zur Ideologisierung des Denkens, zu musikalischer Labilität wie zu weltfremder Schwärmerei sui generis disponierten „teutonischen“ Anlage aufgeprägt. Dies wohl meinte Emil Cioran, als er von der Notwendigkeit der „Versüdlichung“ des nördlich der Alpen beheimateten Kulturantriebs sprach. Verarbeitung und Umsetzung alles emotionalen wie irrationalen Rohstoffs, seine Transponierung, mitnichten die Verwässerung und Verdünnung, nein, sondern seine Humanisierung auf der höheren Ebene der Läuterung in der Sprache: all dies wurde mir seit der Bekanntschaft mit Gustave Flauberts Kulturwillen zur Maßeinheit des Umgangs mit meiner Muttersprache als Kulturmanifestation. –

Ich durchlief diese Lernstadien über manche Jahre allerdings ohne die lebendig auf mich einwirkende Autorität, deren Urteil und Kontrolle mir hätte helfen können, die Lerneinsichten zu festigen, das heißt, meine geistige Handschrift zu bilden. Die Unbeständigkeit, die mich in Fragen der Ausdrucksweise jahrelang beunruhigte, ja innerlich umtrieb, war mir fast selbstquälerisch bewusst. Ich war gleichsam zwischen zwei Kulturen geraten.

Hier die germanisch-teutonische mit ihrem Leitbegriff der Kraft, dort die lateinisch-romanische mit der unbeirrbar verfeinernden Stetigkeit des Wertbewusstseins; hier eine Verkündung wie die Ludwig van Beethovens: „Kraft ist die Moral des Starken“, veranschaulicht in neun symphonischen Eruptionen, dort die seines älteren Zeitgenossen Antoine de Rivarol: „Die Moral ist die Tochter der Gerechtigkeit und des Gewissens.“ Was die Académie française über Epochen hinweg in steter Arbeit erreichte, unternahmen bei den Deutschen die

Einzelgänger Jacob und Wilhelm Grimm in einem geradezu gigantischen Kraftakt. Doch was, fragte ich mich, was bleibt den Deutschen denn, wenn sie Wille, Wucht und die geniale Leidenschaftlichkeit ihrer Kraft nicht mehr haben? Ist nicht gerade *sie* ihr vorherrschendes, unumgängliches Daseinsgebot, ohne dessen Wahrnehmung sie ihren klassischen Existenznerv verlieren? Gingen sie seiner verlustig – gleichviel aus welchen Gründen: der historischen Erschöpfung, der Selbstverkennung, des falschen Erziehungsansatzes –, würden sie dann nicht auch als unveräußerbare europäische Spezifika aufhören zu sein, da doch immer wieder die Kraft den entscheidenden Impetus ihrer geschichtlichen, ihrer geistigen Eigengesetzlichkeit ausmacht? Niemals doch, weder in den Siegen noch in den Niederlagen, lag er bei ihnen im Raffinement der Behauptung von Kontinuitäten, die immer eine solche der willensbewussten Bewahrung von Formen ist. Diese wahrzunehmen, sind und blieben die Deutschen seit der ersten Stunde ihres Eintritts in die Geschichte auf eine ebenso wunderbare wie furchterregende Weise zu kindhaft.

Vor dem Hintergrund dieser Überlegungen, erinnere ich mich, machte mir die Äußerung des neununddreißigjährig in Syrakus verstorbenen, dort im schönen dunklen Garten der Villa Landolina begrabenen Grafen August von Platen – eines Beethoven- wie Rivarol-Zeitgenossen – viel zu schaffen: Die maßlose Wildheit der Alpen, schrieb der Graf sinngemäß, habe ihm nach dem Anblick der Piazza San Marco in Venedig nichts mehr bedeuten und nichts mehr geben können. Viele Jahre später durchfuhr ich die Alpen auf der Großglocknerstraße und durch die Lienzer Dolomiten mit dem Ziel Markusplatz. Wohl hatte ich Platens Anmerkung vorher begriffen, doch nun wurde sie mir sinnenhaft anschaulich. Theodor Haecker umriss diese Distanz, diesen, wie er sagte, „Weg vom einen zum anderen" so: „Eine Farbe ist schön, aber was ist sie gegen die Gloria eines Bildes Angelicos? Ein Ton ist schön, aber was ist er gegen die Gloria einer Sonate von Mozart?" Die Natur der Alpen ist gewaltig, doch der San Marco ist vollendete Gestalt.

In den Schwankungen jener frühen Jahre – zu denen mit Sicherheit erheblich meine starke musikalische Neigung und der Drang, Musiker zu werden, beitrugen – waren mir Selbstfindung wie Selbstsicherung nur auf dem Weg des Schreibens möglich. Dies stellte sich mir von Tag zu Tag unumgänglicher dar. Denn die innere Spannung der Lösung von der Musik und die Hinwendung zur Sprache bestimmten jene Jahre. So war alles, was ich je schrieb, Stufe und Kehre auf dem Weg zu mir selber. Ich habe immer schreiben müssen, um leben zu können; mein Leben ist Schreiben, oder es ist nicht. An den Wegkreuzungen hatte ich im Grunde niemals eine Wahl. Es war mir daher auch immer gleichgültig, ob ich als Schreibender öffentlichen Erfolg haben würde oder nicht, ebenso, welchem Gegenstand ich mich zuwandte. Denn mein Gegenstand war die Sprache, deren sinnliche Wirkung auf mich mir früh bewusst wurde; und die Annahme der Herausforderung, sie jedem Stoff, auch dem unwilligen, überlegen zu sehen dank ihrer sensuellen wie kognitiven Kraft dem immateriellen Gedanken die Breschen zu schlagen, war und ist meine privateste Form der Auseinandersetzung mit mir und der Welt. Sie blieb es, ob ich einen Roman, eine Novelle, einen Band kulturhistorischer Essays und Studien, ob ich ein Kunstbuch über Aquarellmalerei, politische Schriften, eine Künstlermonographie, dramatische Geschichten und Erzählungen zum Thema Weihnachten, die Monographie eines Landes und dessen Kultur oder anderes schrieb. Die Treue des Dichters, auf ein Äußerstes geprüft, wird niemals der Flüchtigkeit des Stoffes gelten, sondern immer dem eigenen künstlerischen Ausdruckszwang, der stofflich zunächst nicht fixierbar ist. Dieser aber wird andererseits jeden Stoff, dessen er sich annimmt, in jener unerwartet-unaustauschbaren Weise erreichen und formen, die das Abgegriffene zum neuen Ereignis und das Übersehene zum Beachteten macht. Wenn einmal die Sprache nicht mehr als Ausdruck geistiger Energie die Dinge durchdringt und erhellt, wird vom Ende der Sprache als Kulturphänomen die

Rede sein müssen. Jacob Grimm sprach vom „schaffenden Geist der Sprache".

Die lebendig und ohne Umschweife auf mich einwirkende Kontrollkraft, deren ich also bedurfte, stand eines Tags in der Gestalt des Bukarester Kunsthistorikers, Schriftstellers und ehemaligen Diplomaten Oscar Walter Cisek vor mir. Der in mehreren Sprachen nicht nur auf das sicherste gebildete, sondern in oft geradezu bestürzender Weise auch beheimatete Mann, der endlose Shakespearepassagen im Englisch der Elisabethanischen Epoche zitierte, der über den frühen italienischen Geigenbau nach Tieffenbrucker: über die Gasparo da Salo, Maffini, Amati, Guarneri, Ruggieri, Bergonzi und Stradivari, aber auch über Steiner oder Albanus im Detail ebenso Zuverlässiges zu sagen wusste, wie er der gründlichste Goethekenner war, dem ich jemals begegnete, war ein Jahr nach der Verleihung an Anna Seghers, 1929, für den Kleistpreis vorgesehen; er erfreute sich selbst im Nachkriegsrumänien mit dessen entsetzlich doktrinären Literaturvorstellungen hohen Ansehens. Cisek stammte einerseits aus dem Böhmischen, andererseits aus dem Preußischen. Er war 1897 in Bukarest geboren und schrieb in deutscher Sprache so ausgezeichnete Novellen und Romane, dass Thomas Mann ihm in ausführlichen Briefen Achtung bekundete; und er war, als ich ihn, etwas über zwanzigjährig, kennenlernte, keine fünfzig Jahre alt. Als Verlagsgutachter beauftragt, eine Erzählung von mir zu beurteilen – die erste meiner belletristischen Arbeiten, die gedruckt erschien –, wünschte er nach der Lektüre, meine Bekanntschaft zu machen. Er soll den Wunsch in der deutschsprachigen Redaktion des Bukarester Staatsverlags so vorgetragen haben: „Schaffen Sie mir diesen Menschen sofort her. Und merken Sie sich seinen Namen. Wir werden noch zu reden haben von ihm."

Es ist mir unvergesslich, wie der hochgewachsene schlanke, sich immer betont aufrecht haltende Mann im schwarzen Anzug, mit Diplomatenmelone und hellbeigem Trenchcoat an dem lauwarmen, nach Akazienblüten duftenden Mainachmittag im Bukarester Volkspark auf die für unser Treffen verabredete Bank zutrat, auf der ich ihn seit wenigen Minuten erwartete. Ich betrieb damals seit kurzem Leistungssport, gehörte einer Landesauswahl an und hatte wegen versuchter Republikflucht eine Gefängnisstrafe hinter mir. Ich führte, mit einem Wort, kein „bürgerlich geregeltes Leben". Für den Tag der Begegnung mit Cisek war ich aus einem Trainingslager angereist. Braungebrannt, in Lederjacke und Cordhose saß ich auf der Parkbank und blickte dem blassen Mann mit dem fremdländischen Flair entgegen, durch dessen Eleganz hindurch die Note hochgradiger Intellektualität in weltmännischer Ausprägung auf den ersten Blick erkennbar war.

Begegnung mit Oscar Walter Cisek. Illustration von Helmut v. Arz zu „Der Tod des Hirten" von Hans Bergel, 1985.

Er blieb vor mir stehen, sah mir eine Zeitlang prüfend in die Augen und sagte dann kühl: „Sie sind das also?"

„Ja", sagte ich. Wir setzten uns nebeneinander auf die Bank. Und schon im nächsten Augenblick schien er mich wie eine Nebensächlichkeit vergessen zu haben.

Was danach in den folgenden sechs Stunden zunächst im milden Licht der Sonne, dann im Schein der neben der Bank stehenden Bogenlampe bis gegen Mitternacht geschah, war die wichtigste, die nachhaltigste Lektion, die ich in Sachen Schreibrüstzeug jemals erhielt.

Cisek hatte das Manuskript meiner Erzählung mitgebracht. Als er sich die Blätter aufs Knie legte, hielt ich den Atem an: Alle Blätter waren an den Rändern und auf der Rückseite über und über mit handschriftlichen Anmerkungen gespickt; sie waren, wie sich herausstellte, zu jedem Satz der über fünfzig Seiten umfassenden Arbeit notiert worden. Satz für Satz, nicht selten Wort für Wort ging Cisek mit mir die Erzählung durch; ich entsinne mich eines Satzes, über dessen stilistische Möglichkeiten er eine halbe Stunde lang sprach. Seine Konzentration erlahmte während der sechs Stunden keine Sekunde. Mich hingegen stieß er in diesen sechs Stunden aus einem Extrem ins andere. Denn Oscar Walter Cisek nahm meine Prosa völlig auseinander – kalt, ohne Gnade, ja, wie mir schien, ohne einen Funken Anteilnahme.

Er zerpflückte und zerrupfte sie. Er zerriss sie, wie ein Fechter mit dem Florett die Kleidung des Gegners nach und nach in Fetzen stückelt, bis der nackt dasteht. Er goß das Gift einer beispiellosen Ironie über sie und über mich aus. Er dachte keinen Augenblick daran, mich zu schonen. Und er zerbröselte gewissermaßen meine Arbeit nicht nur, er zerstampfte sie auch noch, er trat, bildlich gesprochen, auf sie und setzte ihr sozusagen den Fuß auf den Nacken. Bald lachte er, den Finger auf einer Stelle des Manuskripts, schallend auf: „Wie? Das sollen deutsche Sätze sein? Nein doch, das sind barocke Palatschinken!" Dann schüttelte er ingrimmig den Kopf: „Sie verwenden das Wort ‚fauchen' auf fünfzig Seiten fünfmal. Hören Sie, junger Mann, ‚fauchen', einmal genommen, füllt hundert Seiten, hundert! sage ich Ihnen." Er stürzte sich mit der Gier eines fährtenfündigen Jägers auf meine wunderschönen Adjektiva und machte sie auf jeder Seite von neuem zu Zielscheiben seiner demütigenden Geschosse: „Sie schreiben: ‚Die blaue Nacht schwebt lautlos in die dunklen Täler herab …' Entsetzlich! … Werfen Sie um Himmelswillen dies Adjektivagestrüpp aus dem Satz hinaus, schaffen Sie den Substantiva Raum zu atmen, geben Sie dem Leser Durchblick in die Landschaft des Satzes. So muss es heißen: ‚Die Nacht schwebt in die Täler herab.' Lassen Sie das blaue, dunkle, lautlose Wagner-Gewaber zum Teufel! Denken Sie an Goethes Rat: Getretener Quark wird breit, nicht stark. ‚Die Nacht schwebt in die Täler herab.' Welch ein Bild glückte Ihnen hier! Halbieren Sie seine Wirkung nicht mit dem hemmungslosen Adjektivapack. Guter Stil will immer zur Klassik hin."

Zuerst war ich wie gelähmt. Jeden anderen, der mir in dieser Art gekommen wäre, hätte ich an der Gurgel gepackt. Dann war ich drauf und dran aufzuspringen, den Mann mit den Manuskriptblättern auf dem Knie ohne ein Wort allein unter der Bogenlampe sitzen zu lassen und die Erinnerung an ihn für immer zu tilgen. Doch jedesmal, wenn ich soweit war, der Auspeitschung ein Ende zu machen – aus Empörung und Verletztheit über die brutale Behandlung meiner mit dem Blut des Herzens geschriebenen Arbeit –, hielt mich im letzten Augenblick eine unerklärliche Kraft zurück und fesselte mich an diesen Menschen, der sich über mich lustig machte und, auf die Blätter niedergebeugt, bald stöhnend, bald wütend, bald auflachend ironische Selbstgespräche auf meine Kosten führte.

Als er nach sechs Stunden beim letzten Satz angekommen war, hatte er aus dem Stegreif ungefähr zwanzig geistblitzende Essays über die Stellung der Kunstprosa im Bereich der poetischen Gattungen, über die Verwandtschaft der Novelle mit dem Drama, über die Technik und Metaphysik der Erzählung und ähnliche Fragen von sich gegeben. Dass ich immer noch neben ihm saß, schien er nicht zu bemerken.

Plötzlich verstummte er, hob den Kopf und lauschte zerstreut in die Stille des menschenleeren Parks hinein; es war fast Mitternacht. Er atmete tief auf, schob die Manuskriptblätter in die Manteltasche und nickte vor sich hin. „Doch, doch", sagte er leise, „ich wusste es nach den ersten Sätzen der Erzählung: Dieser kann nicht anders, dieser muss schreiben. So wie einer ein Kreuz schleppt, das ihm der Herrgott aufbürdete: er kann es nicht abwerfen. Daher muss man ihn früh an die Härte gewöhnen. Ihnen muss man das Schreiben schwer machen, weil es Ihnen sonst nichts gilt. Und dazu gehört die stilistische Beckmesserei ..." Er lächelte mich unvermutet warm an: „Nun, wären Sie kein Vollblut, Sie hätten in den verflossenen Stunden zehnmal die Flucht ergriffen; dass Sie blieben, ist Ihre Legitimation ... Und jetzt lade ich Sie zum Abendessen ein."

Wir aßen bei Capşa, wo wir uns in den folgenden Jahren noch häufig trafen. Nicht selten waren der von Emil Strauß einst so bewunderte siebenbürgische Erzähler Erwin Wittstock und der Czernovitzer Lyriker Alfred Margul-Sperber dabei, der Jahre vorher seinen Landsmann Paul Ancel (spr.: Antschel) mit dem Satz: „Als ‚Ancel' kommst du niemals in die Literaturgeschichte!" ins vornehmer klingende „Celan" umgetauft hatte.

Heute darf ich sagen, dass mir der Begriff des Schreibens als handwerkliches Geschehen an jenem Maitag im Bukarester Volkspark von Oscar Walter Cisek mit solcher Nachdrücklichkeit ins Bewusstsein geätzt wurde, dass ich seither die Grundlagen meines Rüstzeugs als Schreibender hier sehe, ja ich beobachte mich bisweilen bei Unsicherheiten, dass ich, um mir Ciseks Lehrsätze ins Gedächtnis zu rufen, an jene Stunden im Park zurückdenke.

Von alldem hatte ich nun wohl die Vorstellung, doch beherrschte ich es als ein Können, das mir jederzeit zu Gebote stand, noch lange nicht – mir fehlte die Summe der „Fingerübungen", mir fehlten die Ringe, die der Baum ansetzt. Dass einer beim Schreiben „die kleinere Schönheit um der größeren willen fallen lassen muss", wie Paul Ernst es nannte; dass der Schreibende vom ersten Satz an so in den Stoff einzudringen hat, dass dieser sich gleichsam von selber vorträgt; dass unumdeutbare Bilder zu zeichnen sind, nicht also etwa: „Der Vogel sitzt auf dem Baum", sondern: „Die Amsel sitzt auf der Birke", um Robert Musils Forderung zu wiederholen; dass geistig lebendige wie sinnenhaft anschauliche Prosa nur dort zustande kommt, wo jeder Satz das Unerwartete bringt, „lauter Quintessenzen", sagte Schopenhauer hierzu, „lauter Hauptsachen, nichts, was der Leser allein denken würde"; dass Originalität eine Frage der Persönlichkeit des Schreibenden, nicht eine solche der „Mätzchen und Faxen" ist, die Thomas Mann verhöhnte, und dass nur der „tiefempfundene Gedanke", von dem Theodor Mommsen im Blick auf Caesar sprach, dem Stil Mark und Dauer verleiht; dass unentwegt verknappt und verdichtet: verwesentlicht werden muss, bis es zu jenem „Lapidarstil" kommt, den ebenfalls Schopenhauer postulierte und dessen „Größe ohne Gerecktheit" nach Bert Brecht allein überzeugt; dass die Sicherheit und Genauigkeit der Zeichnung, die Goethe an Homer bewunderte, das Alpha und Omega des erzählenden Schreibens ist; dass, um mit Shakespeare zu reden, ein Bild nicht „totgehetzt", das heißt, nicht überfrachtet werden darf; dass die „Wahrhaftigkeit des Stils in der Richtigkeit der Worte besteht", wie Karl Hillebrand einmal sagte, weil „ein Gedanke, ein Gefühl, eine Sinneseigenschaft immer nur ihren einzigen Ausdruck" hat; dass im Kraftstrom und -atem der Sprache jeder Inhalt umgeschmiedet, umgegossen werden muss, bis er sich auf der höheren Stufe neu wiederbegreift, und allein dies Vermögen zur Verwandlungskraft der Sprache die Rechtfertigung jedes Schreibenden ist; dass wohl die Kontrolle über Sinn und Ratio des Geschriebenen nicht verloren gehen darf, aber das Mysterium der sprachlich bis zum letzten verdichteten Form von jeher das einzige Mittel ist, dem Sinn Rang, Kraft und Geist zu geben, und dass von einer „Würde des Gegenstands" an sich nicht die Rede sein kann, der Gegenstand diese viel mehr dank der Behandlung erhält, die er durch die Sprache erfährt; dass schließlich in diesem Sinne immer allein im „Wie" des Stils, niemals im „Was" des Inhalts das Adelsprädikat des künstlerischen Umgangs mit der Sprache liegen kann – dies alles hämmerte mir der Mann im schwarzen Anzug, im ausgeschossenen Trenchcoat und mit der Diplomatenmelone an jenem Tag ein. Zuletzt erhob er sich von der Bank und sagte in die

Dunkelheit des Parks hinein zwei Sätze, die Wort für Wort mir einzuprägen er mich aufforderte.

Den einen schrieb der in Freiburg gestorbene Kreter und Nachkomme des El Greco Nikos Kazantzakis: „Brächte ich es doch über mich", ist bei ihm zu lesen, „den Mund nicht eher zu öffnen, als bis die nackte Idee jenen Scheitel erreicht, auf dem sie zum Märchen wird …" Den anderen schrieb Johann Wolfgang von Goethe, er lautet: „Bilde, Künstler, rede nicht; nur ein Hauch sei dein Gedicht …" Cisek sagte die beiden Sätze zweimal hintereinander. Dabei kostete er in einer weithin an ihm bekannten Weise jedes Wort in makelloser Diktion bis zur Neige aus und ließ die Zitate gleich geschliffenen Gläsern funkeln – mir war einen Augenblick lang, als erkannte ich ihren Widerschein im nächtlichen Auditorium der alten Parkbäume, durch die ein weicher Luftzug strich. Der Lehrling stand vor dem Meister. Er hatte den Stachel der Züchtigung und unerbittlichen Unterweisung vergessen, da er ihn fähig gemacht hatte, den Sinn dieser Sätze zu begreifen.

Oscar Walter Cisek, der fortan alles, was ich veröffentlichte, in Briefen an mich analysierte, bewertete und kritisierte, und der mir in besonderer Weise überall dort kein Pardon gab, wo ich gegen die gemeinsam erörterten Maximen verstieß, sah ich dann um vieles später nur noch einmal wieder: Wir standen uns an einem Sommertag des Jahres 1964 vor dem Haupteingang der Bukarester Universität unerwartet gegenüber – mich erkennen, zusammenfahren und mir mit abgewendetem Gesicht und eiligen Schritten in einem Bogen ausweichen, war alles, was Cisek tat; und es ist alles, wessen ich mich im Zusammenhang mit dieser letzten Begegnung entsinne. Ich war soeben aus mehrjähriger Haft entlassen worden, jede Begegnung mit mir konnte bei den herrschenden politischen Verhältnissen für den anderen zum Verhängnis werden. Ich starrte dem Manne nach, mit dem mich so viel verband – und hieß sein Verhalten gut, ich wünschte uns beiden, dass wir damit fertig würden. Denn nicht der Mensch, der sich aus Angst und kleinem Überlebenswunsch mutlos verhält, sondern das System, das ihn so weit bringt, seine Würde und seine Selbstachtung mit Füßen zu treten, sitzt hier zuallererst auf der Anklagebank.

Es lagen damals Jahre schweren Kerkers hinter mir, in denen ich Erfahrungen im Umgang mit der Sprache gemacht hatte, dank derer mir Sprache jenseits aller Artikulierbarkeit intellektuellen Gehabens und Behagens als eine letzte mögliche Lebensposition bewusst geworden war.

Fünf Schriftsteller deutscher Sprache, Jahre lang den vielfältig ausgeklügelten Mechanismen eines Haftterrors ausgesetzt, der aus Hunger, Kälte und klaustrophobische Visionen erzeugender Engräumigkeit bis zum Drei- und Vierfachen überbelegter

Zellen, unterirdischer Kasematten und fensterloser Bunker, aus Gestank, Flüstergebot, blitzartig hereinbrechenden Kontrollen, dazu an unseren ausgemergelten, splitternackten Körpern vorgenommenen Leibesvisitationen, aus mörderischer Zwangsarbeit und anderen unaussprechbaren Scheußlichkeiten bestand – was hatten wir, unter Rumänen, Ungarn, Griechen, Serben, Zigeunern, Juden und anderen, all dem im Zeichen unseres Überlebenwollens entgegenzusetzen – nicht eine Woche, nicht einen Monat, nein, viele Jahre hindurch?

Wir standen und hockten dicht beieinander, am Rücken den Rücken eines Mithäftlings, im Pestilenzgeruch des Latrinenschaffs oder im Eiszug vor einem mit wenigen Brettern vernagelten Fenster; dann wieder schweißüberströmt, halb bewusstlos vor Schwäche und Atemnot, und flüsterten uns Texte deutscher Dichter zu: Rilke, Goethe, Trakl, Marie Luise Kaschnitz, George, Hölderlin, Mörike, Eichendorff, Carossa, Annette von Droste-Hülshoff, Dehmel, Luther, Walter von der Vogelweide, Ingeborg Bachmann, Nietzsche … Wie hätten wir ohne sie überlebt? So überlebt, dass uns kein Dauerschaden an Geist und Seele entstand? Ohne vom Hass auf die Peiniger und Totschläger, ohne von der Engstirnigkeit verbitterter Rachegelüste, vom Ekel vor jeglicher Kreatur und von fortdauernder Lebensangst entstellt zu werden? So, dass wir selbst unter jenen Umständen also an der Schlankheit und Rassigkeit eines Verses eine reine Freude und Begeisterung empfanden, wie ich sie in keinem germanistischen Seminar jemals beobachtete? Gedichte, Strophen, Verse oder Prosaabschnitte, die wir vielleicht einst als Schüler oder Studenten auf Geheiß eines Lehrers weiß Gott nicht immer willig auswendig gelernt, die wir später wohl wieder gelesen, uns aber nicht Wort für Wort gemerkt hatten, stiegen auf einmal – oft erst, wenn wir uns wochenlang wegen einer einzigen Verszeile den Kopf zermartert hatten – aus den unfassbaren Labyrinthen des Gedächtnisses empor und erhellten unser erbärmliches Dasein gleich Flammenausbrüchen, die uns unerreichbar machten, da wir in ihrem Schutz standen. Was uns aus den Gehalten jener damals reproduzierten Gedichte entgegenkam und uns trug, hat mir Dichtung als unveräußerbaren Existenzsockel bewusst gemacht. Wir vermochten in jenen Lebensverhältnissen jeden Gedanken, jeden Ton dichterischer Äußerung auf eine letzte Tragfähigkeit und Glaubwürdigkeit hin zu prüfen. Bis heute hat in meiner Sicht nur das Bestand, was die damals gewonnenen Maßstäbe erträgt. Für alles andere, teile ich Schopenhauers Ansicht, „ist die Zeit zu edel" – für die Menge der artistischen Spielereien, für das geschmäcklerische Kokettieren mit den modischen Ideologien unserer Tage. Wenn damals einer von uns aus Goethes „Buch des

Parsen“ das „Vermächtnis altpersischen Glaubens“ sagte und dabei etwa zu dem Vers kam: „Schwerer Dienste tägliche Bewahrung, sonst bedarf es keiner Offenbarung“, wenn einer die Novalis-Sätze flüsterte: „Hätten die Nüchternen einmal gekostet, alles verließen sie und setzten sich zu uns an den Tisch der Sehnsucht, der nie leer wird …“, oder die Benn-Strophe: „Wer allein ist, ist auch im Geheimnis; immer steht er in der Bilder Flut, ihrer Zeugung, ihrer Keimnis, selbst die Schatten tragen ihre Glut“, oder aus Rilkes „Sonetten an Orpheus“ die Strophe: „Nicht sind die Leiden erkannt, nicht ist die Liebe gelernt, und was im Tod uns entfernt, ist nicht entschleiert. Einzig das Lied überm Land heiligt und feiert …“, dann hatten wir es nicht mit der Literatur der Philologen, schon gar nicht der Ideologen zu tun. Dann spürten wir einen Grund unter den Füßen, auf dem einer stehen kann noch im Untergang, war uns ein Brot gereicht, dessen Körnigkeit uns, fern narzisstischer Selbstbespiegelung, bejahend den Sinn im Widersinn erkennen ließ an jenem Punkt des Lebens, an dem einer alles aufgeben muss, will er das Leben gewinnen. Was wohl, frage ich mich manchmal beim Blick in meine Umgebung, was wohl werden Generationen mit sich und der Welt beginnen, die, zur Unkenntnis oder Geringachtung dieser „veralterten“ geistigen Fracht „erzogen“, eines Tags in einer äußersten Notsituation auf sich selber und sonst nichts zurückgeworfen sein werden? Denn mit der Gewissheit der Gezeiten haben die Tage der Not ihre Wiederkehr. Eine Erziehung, der der Sinn für diese Erkenntnis abhanden kam, führt unausweichlich ins Desaster.

Mit Zurückhaltung vermerke ich hier ein Begebnis aus jenen Jahren, das gleichwohl in diese Zusammenhänge gehört.

In einem Straflager in den Borcea-Sümpfen der unteren Donau geriet ich eines Abends in eine der dort allenthalben anzutreffenden Erzählrunden, bei denen sich nicht selten Unscheinbare wie Ungebildete als Erzähler von meisterhaftem Zuschnitt erwiesen, während hingegen Hochgebildete oft unfähig waren, selbst den einfachsten Vorgang erzählerisch auszubreiten. In der Runde befanden sich vier Ungarn, drei Serben, drei Rumänen, ein Jude, ein Engländer, der als Militärspion fünf Jahre abzusitzen hatte, ein Österreicher und zwei Ruthenen. Vom Kulissenschieber bis zum Rechtsanwalt, vom Arzt bis zum Hafenarbeiter waren die Zivilberufe der fünfzehn Männer gemischt. Ein Lastwagenfernfahrer führte das Wort. Er bat mich, im letzten freien Winkel zwischen den Pritschenbetten auf dem Dielenboden Platz zu nehmen, und erläuterte mir den Stand des Gesprächs. Er erzähle – sagte er – seit gestern Abend und in voraussichtlich vier weiteren Abendfolgen „den großen Roman eines deutschen Dichters", den er in einem anderen Gefängnis von einem Mithäftling gehört habe. In drei Sätzen führte er mich in die Romanhandlung ein und fuhr danach ohne Umstände an die ganze Runde gewendet fort. Ich traute zunächst meinen Ohren nicht: denn was der kleine rumänische Fernfahrer aus Caracal an der Donau erzählte, war meine Erzählung „Fürst und Lautenschläger", deretwegen ich verurteilt worden war.

Ich habe mich weder dem Erzähler noch einem der Zuhörer als Autor jemals zu erkennen gegeben. Denn wer weiß, dachte ich unsicher, wie sie auf die unausweichliche Desillusionierung reagieren werden.

Die Begegnung mit dem Werk setzt jedesmal Erwartungen frei, die bei der Begegnung mit dem Autor erschüttert werden; das ist eine Grunderfahrung jeder Annäherung an die Kunst und den Künstler. Sie ist in

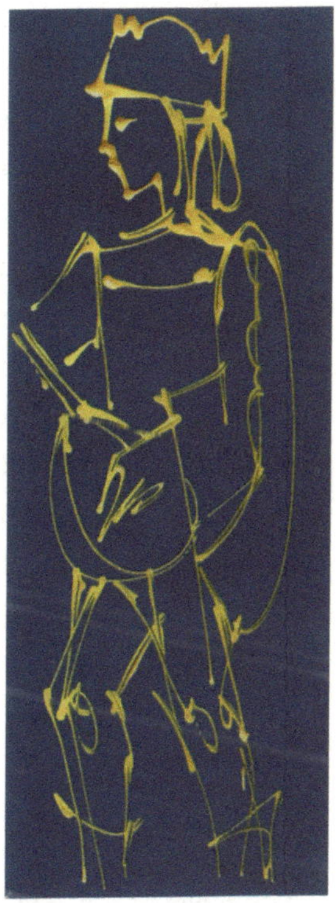

Renate Mildner-Müller: Variationen, 2001, zur Gestalt des Lautenschlägers in Hans Bergels 1957 in Bukarest veröffentlichten historischen Erzählung „Fürst und Lautenschläger".

dem Umstand begründet, dass der Autor sich selber im Kunstwerk in einer oft unter inneren Zwisten, immer unter großen Anstrengungen erarbeiteten Verdichtung und Purifikation vorträgt. Wie soll er diesen Zustand der inneren Hochgespanntheit und Werkzugewandtheit, aus dem jedem echten Kunstwerk die Vibration zufließt, im Alltagshabitus aufrechterhalten? Es von ihm zu fordern oder ihn dort, wo er die falsche Erwartung nicht erfüllt, im Zeichen des triumphierenden Ausrufs: Ha, er ist auch nur ein kleiner Mensch! zu entmythisieren, bedeutet grobe Verkennung, ist blanker Dilettantismus, der dem Ereignis der Entstehung von Kunst ahnungslos gegenübersteht. Ein fahrender Flötenspieler – erzählt eine mittelalterliche Sage – versetzte die Herzen der Menschen durch die Klänge seines Instruments in verzehrende Sehnsucht. Verzaubert ließen sie Hab und Gut und eilten ihm in Scharen nach. Doch als sie seiner ansichtig wurden, packte sie das Grauen. Denn sein Gesicht war eine von Aussatz und Schwären entstellte Fratze, sein Blick der eines gehetzten Tieres, sein Leib strömte entsetzlichen Gestank aus. Sie erstarrten und fassten sich erst wieder, als der Wind ihnen die himmlischen Klänge seiner Musik aus der Ferne zutrug.

Shakespeare, Beethoven, Michelangelo oder Goethe werden durch die Feststellung, dass auch ihnen kleine, armselige Züge eigneten, nur in den Augen des Spießers geringer, der sich in diesen

Facetten selber erkennt. Denn nicht meine Schmähsucht wird geweckt, wenn ich ihre Namen höre, sondern mein Bedürfnis aufzublicken, da hier einigen aus unserer erbarmungswürdigen Bruder- und Schwesterschaft im Namen aller das Große glückte, ohne das wir nicht überleben werden – und da ich also ihre Blöße sah, wurden sie mir noch teurer. Durch seine Häme entlarvt der Banause sich selber in seiner Neigung zur Rohheit. Immer schon brachten nicht nur Menschen, sondern auch Epochen die Sicht der Dinge auf den ihnen gemäßen Maßstab. Erhart Kästner erkannte im „vergrößernden Liebesblick" das Hauptmerkmal des hellenischen Genius. Das bedarf keines Kommentars. Die Wiederbegegnung mit meiner Erzählung, die ich als gerade erst Zwanzigjähriger geschrieben hatte und die nun in einer fremden Sprache durch Straflager und Gefängniszellen wanderte, losgelöst von meinem Willen, losgelöst aber auch von ihren Mängeln, blieb bis heute eine der denkwürdigen Begebenheiten meines Lebens. –

Vielleicht hätte ich am Beginn dieser Reihe der Lehrmeister denjenigen nennen müssen, dem ich die erste Schule im Umgang mit dem wohl Vordringlichsten danke, auf das es auch in der Handhabung der Sprache als Manifestation der Kunst ankommt – mit der „Form", mit der „Gestalt". Ich hätte, denke ich, meinen Vater nennen müssen.

Ich will es erklären.

Er lehrte uns Kinder das Spielen auf einer Anzahl von Musikinstrumenten, und er führte uns – noch ehe wir beim Sitzen auf dem Stuhl mit den Fußspitzen den Boden erreichten – an die Musik der alten Meister heran: des Niederländers Orlando di Lasso, des Engländers Henry Purcell, des Italieners Giovanni Battista Pergolesi, des Deutschen Dietrich Buxtehude, des Franzosen Jean-Philippe Rameau, natürlich Georg Friedrich Händels und vor allem Johann Sebastian Bachs; doch auch der vielen weniger bekannten von Telemann bis Birkenstock und Pepusch. Es sind dies alles Komponisten, deren Musik im Zeichen jenes „keuschen Stils“ entstand, von dem Schopenhauer in seinen zornigen Anmerkungen zur Schriftstellerei sprach, die, wie er erläuternd sagte, „als große Meister dachten“, jedoch „so schrieben, daß jeder sie versteht“. Hätte mein Vater nicht mehr an uns getan, als allein diese Musik Teil unserer selbst werden zu lassen, wäre schon dies die vorzüglichste Schulung seiner Kinder gewesen, deren Neigung zum Künstlerischen der gediegenen Grundlage bedurfte. Nirgendwo ist diese verläßlicher zu gewinnen als im vertrauten Umgang mit den Alten: weil diese das Handwerkliche ihres Könnens ebenso hoch veranschlagten wie das Künstlerische, wodurch dieses erst den haltbaren Boden gewann, auf dem es bis heute steht – im Unterschied zu manchen fahrigen, verblasenen Vorstellungen unserer Tage. Und mein Vater tat mehr: er lehrte uns die alten Madrigale singen, all diese „Kommt, ihr G'spielen" und „An hellen Tagen" der Praetorius, Giovanni Gastoldi, Hans Leo Haßler, Melchior Franck, Heinrich Isaac oder Heinrich Fink – vor allem jedoch sorgte er dafür, dass wir das frühe deutsche Volkslied des 14., 15. und 16. Jahrhunderts kennen und das heißt singen lernten, so wie wir atmeten, redeten, lachten und weinten, angefangen von „Kume, kum, Geselle min" bis hin zu „Es taget vor dem Walde".

Im Volkslied jener Jahrhunderte nun ist nicht allein das bedeutende Kunstlied der Deutschen und anderer Musikkulturen späterer Zeiten vorgeformt, sondern es sind darüberhinaus in ihm Verständnis und Gliederung eines Formaufbaus und tektonischen Willens in nuce vorgegeben, die uns als Ausdruck einer par excellence europäischen Formvorstellung erscheinen. Denn in der Einheit seiner auf kleinstem Raum verwirklichten Anlageteile Exposition – Höhepunkt – Abschluss drücken sich die Gliederungselemente der großen Formen der Dichtung und Musik als profunde Formel aus. Es ist die im abendländischen Kunstbereich für klassisch erachtete ästhetische Formel, der wir hier – in der Architektur sowohl der Novelle als der Sonate, sowohl der Symphonie als des Dramas – zumindest als geistigem Entwurf begegnen.

Der Kunstbegriff des Abendländers ist wie der keiner anderen Kultur vom Impuls und vom Begriff der Spannung gekennzeichnet. Dies gilt nicht allein für die dynamischen Künste Dichtung und Musik, sondern zu gleichen Teilen für die statischen bildenden Künste. Im Melos und im Logos des frühen Volksliedes ist diese Spannung wie in einer Urzelle erfasst; im übrigen nicht allein im Deutschen, sondern, wenngleich nicht in dieser ausgreifenden Durchbildung, auch im Skandinavischen oder Angelsächsischen. Auf der Ebene der deutschen Kultur kommt ihm jedoch schon allein daher besondere Bewandtnis zu, weil den Deutschen in der Musik all das glückte, was ihnen in der Literatur im letzten versagt blieb: die Schaffung der ohne Vorbehalt als universal zu bezeichnenden Sprache, die den Großen wie Racine, Cervantes, Vergil, Dante, Shakespeare, Homer, Aischylos, Sophokles, Euripides eher die Bach, Händel, Mozart, Haydn, Beethoven als die Goethe, Kleist, Hölderlin, Lessing, Büchner oder Schiller zur Seite stellt. Eigen ist diesen allen aber als Impetus ihres Ausdruckszwanges, als „Urimpuls" des bildnerischen Verständnisses, das Moment der Spannung, das sich in jenem frühen Volkslied dartut. Dass sich in ihm über die Grenzen des Ästhetischen hinaus eine unverwechselbare Daseinsstimmung und das dieser entsprechende geistige Bild von der Welt und der sowohl historischen wie philosophischen Stellung des Menschen äußern, liegt auf der Hand – eben die des Abendländers im spezifischen Unterschied zu anderen Kultur- und Kunstverständnissen wie etwa dem chinesischen, dem indischen oder dem vorkolumbianischen. Es gibt in der musischen Landschaft Europas keine Kunstform, die auf engerem Raum die für diese Landschaft typischen Grundstrukturen der geistigen wie der stofflichen Absicht so genau aufweist, wie dieses frühe Volkslied. Die Genien allerdings, die es schufen, verließen uns längst.

Erst sehr lange nach meiner Kindheit begann ich zu begreifen, in welchem Maße ich mein Verständnis der Dichtung, ja der gesamten Kunst grundlegend aus jener Bildung bezog, die ich durch die Heranführung in meinen ersten Lebensjahren an die Musik erfahren hatte. Daher sehe ich in ihr und in dem Lehrmeister, der mich zu ihr anhielt, ein Muster von Ansätzen und Ausgängen, das mich auch als Schriftsteller bestimmt. Frühe Prägungen sind nicht ablegbar noch zu leugnen; wir kehren selbst nach gewagtesten Ausbrüchen zu ihnen zurück. –

Ist es nun, so denke ich, von hier nicht nur ein kleiner Schritt bis zu dem Letzten, von dem ich in diesem Zusammenhang zu sprechen habe? Verdanke ich der Gestalt, die diese Reihe beschließen wird und die in ihrem Leben weder jemals lesen noch schreiben lernte, nicht die geheimnisvollste Erfahrung im Umgang mit der Sprache?

Nur wenige Jahre nach meiner ersten Begegnung mit Oscar Walter Cisek traf ich in den Ostkarpaten einen Hirten, der die gleiche sinnenhafte Beziehung zur Sprache hatte wie der überzüchtete Bukarester Intellektuelle – doch von der anderen: der naiven Seite her.

Beim Feuer vor seiner Sennhütte im Vrancea-Gebirge saßen wir im August des Jahres 1955 eine halbe Nacht lang zusammen, ehe wir uns in seine gewaltigen zottigen, nach Rauch, gegorener Schafmilch und Hochwiesenkräutern riechenden Pelze wickelten und unter dem Sternenhimmel schliefen. Ich war aus dem Puma-Tal im Süden aufgestiegen und hatte kurz vor Dunkelwerden von einem in den unteren Lagen mit Blutbuchen bestandenen Höhenrücken aus das Feuer gesehen. Als ich eine Viertelstunde danach auf es zuging, erkannte ich die Gestalt eines vor den Flammen sitzenden Mannes. Aus dem Gehege neben der dunkel niedergeduckten Blockhütte erklang von Zeit zu Zeit das Blöken eines träumenden Schafes. Die Hunde hatte der Mann ohne aufzublicken zur Ruhe gemahnt; als ich mich ihm näherte, lagen sie rings um die Feuerstelle. Die Köpfe erhoben, sahen sie mich mit aufmerksamem kalten Blick an. Erst später merkte ich, dass auch hinter uns im Dunkel Hunde lagen. Vor der Hütte erkannte ich die klobigen Köpfe dreier Esel.

Der Alte hockte mit krummem Rücken auf einem Baumstamm. Er hielt die Hände mit der uralten Gebärde des Segnens über Flammen und Glut, ohne mir einen Blick zuzuwerfen. Er sah aus wie ein schwarzer, übermooster Steinblock, der seit Ewigkeiten unbeweglich hier vor dem Feuer saß. Nur das Wittern der großen Hunde zu ihm hinüber zeigte, dass Leben in ihm war und dass er die Mitte dieser kreatürlichen Welt bezeichnete. Ich grüßte. An der kaum sichtbaren Bewegung, mit der er ein Zurseiterücken andeutete, verstand ich, dass ich aufgefordert war, mich neben ihn zu setzen. Ich tat's.

Illustration von Helmut v. Arz zu „Der Tod des Hirten" von Hans Bergel, 1985.

Woher ich käme? fragte er. Ich sagte es ihm – ich sei vom Ciucaş- über das Şiru-Gebirge nordwärts gewandert bis hierher. Und? fragte er. Morgen gehe ich weiter, sagte ich ihm, ich will ins Tal der Goldenen

Bistritz, wo ich Freunde mit Faltbooten treffen werde, mit denen ich den Gebirgsfluss bis hinüber in die Moldau zu befahren beabsichtige. So, so, sagte er, an dem Fluss besitze sein Bruder eine Mühle, bei der wir sicherlich vorbeikämen, wir sollten Grüße ausrichten; die Mühle stehe am Fluss vor dem Wald, dort wo die Tannen so nahe ans Ufer treten, dass sie nasse Füße kriegten … Ha, und mitten im Fluss gegenüber der Mühle, auf der kleinen Steininsel, die aussehe, als habe sie vor Zeiten versucht, das Wasser zu durchqueren, sei aber aus Schreck über dessen Schnelligkeit mittendrin stehengeblieben und rühre sich seither nicht von der Stelle, auf dem Inselchen also habe er als Kind oft gespielt. Na ja, dort seien er und sein Bruder und die anderen sieben Geschwister miteinander aufgewachsen – wie das Riedgras, sagte er, das dort überall steht: biegsam, hoch und dicht beieinander. Fünf der Geschwister seien mittlerweile gestorben … Ob ich schon einmal gesehen habe, wie das Wasser eines Flusses wandere? Es wandere genau so wie die Flamme hier. Beide wandern immerfort. Kein Mensch weiß wohin. Es könne einer noch so lange ins Wasser oder ins Feuer starren, es komme ihm keine Antwort auf die Frage nach dem Woher und Wohin. Er würde davon höchstens wirr im Kopf. Wir Menschen, sagte er, seien wie das Federfläumchen des Bussards: aus dem Nichts über den Fluss herabgeschwebt, trüge uns dessen Hauch ein Stückchen weit fort, ehe wir in den Strudeln und Wellen auf Nimmerwiedersehen versinken ... Ob ich denn keinen Hunger habe? Ob mir der Magen vom Laufen über die vielen Berge nicht wie ein leerer Sack an den Rippen hänge und gegen die Bauchwände schlage? ... Längst hatte ich aufgehorcht – schon bei den Tannen mit den nassen Füßen und dann bei der Insel, die vor Schreck mitten im Fluss stehengeblieben war.

Wir aßen in leicht vorgesalzenem Wasser gekochten, umgerührten und aufgequollenen Maisbrei. Dazu hatte der Hirte Schafkäse geholt, der im Licht der Flammen gleich Schneebällen leuchtete, saftige Blauzwiebeln und von der Quelle hinter der Hütte einen Steinkrug voll Wasser, das sich mir, als ich davon trank, wie kühler Windhauch um die Zunge legte. Ich fragte ihn nach seiner Arbeit, nach seinen Geschwistern, nach der Mühle, den Schafen, den Hunden und dem Großwild in diesem Teil der Karpaten.

Jedesmal ließ ich ihm für die Antwort ausgiebig Zeit. Und von Satz zu Satz verzauberte mich die Sprache dieses Hirten mehr.

O ja, ich hatte begriffen: Es ist der Urlaut der Erzählung, dem ich begegnet war.

Unbefangen, wie mit leichter Zeichnerhand die wenigen Striche hinwerfend, oft nur andeutend, doch mit unfehlbarer Sicherheit in der Wahl selbst des geringfügigsten Ansatzes und mit Gespür für den Fluss der Erzählung, baute der Mann mit der

Sprache Bilder auf, die mich heute an die Höhlenzeichnungen von Pineta in Andalusien, von Lascaux und Altamira erinnern: magisch, großartig und wie alles Bedeutende ohne Getue und Gestelztheit. Der Baum, von dem der Hirte sprach, „stand" in seiner Erzählung nicht, sondern wurde aus einem Bewegungsbild heraus als ein Lebendiges, als ein Vorgang anschaubar gemacht, weil die Sprache selber lebendige Bewegtheit: Vorgang ist. Er gehorchte aus Instinkt dem ersten Gesetz der Erzählung, und so kam es, wie er sagte, dass die Buche „an den Fluss trat und dort stehenblieb, weil sie ins Wasser unter sich wie in einen Spiegel im Abgrund blickte". Aber ebenso veränderte sich der Berg im Licht des Abends, „als wende er sich erschrocken, um nach seinem immer länger werdenden Schatten zu sehen". Und die alte Bohlentür der Blockhütte hing schräg in den Angeln – „müde vom vielen Auf- und Zugeschlagenwerden, wer kann's ihr verübeln?" sagte er.

Dies alles ist nahe an der Mythe. Dichterische Sprache ist ja immer beides zugleich: Beschwörung und Gedanke, Verzauberung und Bezeichnung, Raunen und Bild – Dionysos und Apollon. Eben in diesem kaum überbrückbaren Spannungsfeld sahen die Hellenen ihre Dichter: Sie allein konnten unter allen Künstlern vom „göttlichen Wahnsinn" ergriffen und ausgezeichnet werden.

Nein, mit Sicherheit hatte dieser Mann niemals etwas von Lessing gehört. Doch was Lessing etwa am Beispiel der Herstellung der Rüstung für Achilleus veranschaulicht: da nämlich Homer den Achilleus nicht gerüstet dastehend schildert, sondern den Schmied Hephaistos die Rüstung Stück für Stück herstellen und den Leser dabei Augenzeuge sein lässt – um nichts anders verfuhr in jener Augustnacht im Vrancea-Gebirge in den Ostkarpaten der Hirte in allem, was er berichtete. Dem Geist der Sprache treu, übertrug er in seiner Erzählung das Statische ins Dynamische, wandelte er das Ruhende um in Bewegung. Niemals habe ich Lessing glänzender bestätigt gefunden.

Und während ich damals dem etwa siebzigjährigen, wuchtig gewachsenen Mann mit dem erloschenen Blick im bärtigen Gesicht immer aufmerksamer zuhörte und ihn betrachtete, wie er unter der leuchtenden Kassiopeia vor der Glut der niedergebrannten Scheite saß, die Hände zur Gebärde des Segnens erhoben, weil er seine müden, alten Finger wärmen wollte, überlegte ich: Ob wohl Platon bei seinen Urbildern, bei seinen „platonischen Ideen", das Erzählen als Idee mitbedachte? Denn wurde nicht, während der Hirte im Feuerschein neben mir sprach, jenes ewige, unveränderliche Urbild und Urmuster aller Erzählungen sichtbar, die sich die Menschen auf dieser Erde seit eh und je einander mitteilten – von Homer und Hesiod bis Knut Hamsun und William Faulkner, von den Büchern Mose, Ruth und Hiob, den achtzigtausend Versen des Mahabharata über die Erzählung vom Gautenfürsten Beowulf, dem kastilischen Cid und dem Nibelung Siegfried bis hin zu den Geschichten der Scheherezade und denen des John Steinbeck, des Thomas Mann und des Gabriel García Márquez in unserem Jahrhundert, dazu all den zahllosen, niemals aufgezeichneten Geschichten, von denen der alternde Hemingway einmal resignierend sagte, es gäbe noch so viele von ihnen zu erzählen?

Des griechischen Philosophen „eidos" – die ideelle Urgestalt also der sinnlich erfahrenen Dinge – enthält den Hinweis auf die Erinnerung, die in den Raum *vor* die Dinge zurückweist: auf die reine Idee als der Dinge einzig möglichen Ursprung. Dort, glaube ich, ist auch die Idee des Erzählens zu finden.

All dies ging mir durch den Kopf, als ich dem alten Hirten zuhörte. Denn kein zweites Mal in meinem Leben begegnete mir frei gesprochene Erzählung in so paradigmatisch ruhiger Lebendigkeit des Flusses und heiterer Sicherheit des Gedankens. Kein Wort, das nicht auf das Ganze abgestimmt war, kein Strich, der ein Bild verzeichnet, kein verwischter Tonfall, der die Aussage matt gemacht hätte. Und in allem, was er sagte, war seine ganze Persönlichkeit spürbar. Es klang, als rauschte ein Strom neben mir. Und seit dieser Nacht weiß ich auch, was ich vorher nur geahnt hatte: dass die Erzählung ein

Element der Schöpfung ist wie das Feuer und das Wasser, dass sie im Wind und im Atem der Erde ist.

Ich besuchte den Hirten oft; ich hielt mich wochenlang bei ihm auf. Es war immer wie in der ersten Augustnacht, als wir, von der Schar der massigen Hunde wie von einem Schutzwall umringt und vom Wald umgeben wie von der Ewigkeit, vor dem Feuer gesessen hatten. „Nirgends", schrieb Thomas a Kempis, „fand ich mehr Ruhe als in den Wäldern und Büchern."

Eben dies war mein Empfinden an der Seite des Hirten in den Ostkarpaten.

Aber an ihm wurde mir auch verständlich, was ich bei Pierre de Ronsard gelesen hatte: dass der Dichter gut beraten sei, die Sprache der Handwerker zu kennen – der Schiffer, Jäger, Hirten, Fischer, ist dem hinzuzufügen. Goethe war ein vorzüglicher Kenner dieser Wortbestände der Zimmerleute, Schmiede, Maurer und der Gärtner. Den Blumennamen wie „Engelstrompete", „Bärenfellgras", „Sonnenflügel" oder „Duftsteinerich" seien hier nur der „Hauer" oder die „Pranten", der „Fang", das „Gebrech", der „Lauscher" oder das „Geäfter" der Jäger hinzugezählt, um etwas vom kreatürlich-menschlichen Pulsen solcher Sprache: um ihre Humanität spürbar zu machen. Hemingway gab der Sprache in „Der alte Mann und das Meer" durch den Wortbestand der Fischer diese sichere Anschaubarkeit und lebendige Nähe von hohen künstlerischen Graden. „Der

Dichter ist enger verwandt mit dem Manne, der mit der Hand, als jedem, der an der Maschine arbeitet." Ich erfuhr Jüngers Einsicht an dem Alten im östlichen Gebirge.

Unter meinen Lehrmeistern nimmt der Hirte jedoch vor allem deshalb eine Sonderstellung ein, weil er mir als einziger nicht ex cathedra gegenüberstand: weil er mir den Gegenstand „Sprache" nicht vortrug, sondern selber Sprache war im Zustand jener Naivität, die Schiller meinte. Als ich im Spätherbst des Jahres 1967 zum letzten Mal ins Vrancea-Gebirge hinaufstieg, fand ich ihn nicht mehr unter den Lebenden – auf dem kleinen Friedhof des Bergdorfes stand auf einem Holzkreuz sein Name. Vor dem von blühendem Bärenklau, Huflattich und Bergdisteln überwachsenen Erdhügel dachte ich, dass auch Sprache sterben muss – weil alles, was aus dem Radius menschlicher Wahrnehmung kommt oder in ihn eintritt, spätestens mit dem Menschen stirbt. „Mit dem Verschwinden der Handwerke", notierte Jünger weiter, „geht die Verflachung der Sprache Hand in Hand; die Wörter verlieren den Inhalt und sinken zu Redewendungen herab". Doch nicht allein die Handwerke verschwinden. Es verschwindet heute auch Natur. Die Auswirkungen davon auf die Enthumanisierung der Sprache und deren Rückwirkung auf den Menschen sind unabsehbar.

Ich weiß nicht, ob es nichts oder alles mit dem Tode des Hirten zu tun hat, dass Sprache mitten unter uns Lebenden und Sprechenden stirbt. –

Alles, was ich von diesen trefflichen Männern lernte, fand ich im Laufe meiner Beschäftigung mit der Dichtung, der Literatur und den Künsten bei den Meistern – lebenden wie toten – bestätigt. An diesen versuchte ich, nach Maßgabe der Erspürung ihrer Unverwechselbarkeit mir die Verfeinerungen wie Tönungen des Persönlichen der Handschrift zu erarbeiten. Heute weiß ich, dass der Umgang mit der Sprache den Umgang mit dem sprödesten und bedrohtesten künstlerischen Material bedeutet, das es gibt, weil die Sprache wie kein anderes Kunstmittel dem Massengebrauch und damit der unentwegten Abstumpfung und Profanierung, Zersetzung und Selbstentfremdung ausgeliefert ist und dass sie daher des besonderen Schutzes bedarf, den Schopenhauer für sie forderte. Der Thomas Mannsche Hinweis auf das sublim Verschleißende und die Nerven Verzehrende, das solchen Umgang begleitet, ist ein Hinweis entscheidender Natur: dass nämlich „der Wille zum Bild und die Hoffnung, dass sich Unendliches im Endlichen festhalten lasse“, wie es bei Walter Myß heißt, unentrinnbar zu jenen Positionen des Innern führt, die der Graf von Platen in drei Gedichtzeilen so ausdrückte: „Wer die Schönheit angeschaut mit Augen, ist dem Tode schon anheimgegeben, wird zu keinem Dienst mehr taugen …" Vollendeter fand ich den Preis niemals umschrieben, den einer für die Teilhabe am Schönen zu zahlen hat: für den Mut, sich der „heiligen Rache der Menschen an der Schönheit" auszusetzen, von der Marie Luise Kaschnitz sprach. Auch nicht die darin enthaltene Aufforderung zum Tragischen, wie das hellenische Kaloskagathos es sieht: „Wenn das Schöne wirklich im Dasein des Menschen erlischt, so erlischt langsam auch das Gute und Wahre und umgekehrt", schrieb Haecker, „denn diese drei sind eins; das Gefährdeteste aber ist die Schönheit, darum kann der Kampf für sie der heroischste und schmerzensreichste sein."

Als Zwanzigjähriger mit dem Begriff des Schönen als einer Kategorie der Ästhetik in jenem Sinne beschäftigt, der das „handwerkliche Ingenium Schönheit ohne Beschönigung" meint, wie Bert Brecht es ausdrückte, vielfach verwirrt und unsicher gemacht von den Anmerkungen kluger Männer wie Herder, Schiller, Hegel, Kierkegaard, Baumgarten, Schopenhauer, Aristoteles oder Platon, deren Tiefgründigkeit ich nicht gewachsen war, fragte ich in einem Zustand der Hilflosigkeit meine Mutter, ob sie mir sagen könne, was „das Schöne" sei. Sie blickte mich nachdenklich an und sagte: „Schön ist, was einer mit Liebe betrachtet, und die Dinge, die wir mit Liebe tun, werden davon schön."

Von allem Gescheiten, das ich jemals über das Schöne hörte oder las, ist dies bis heute das Gescheiteste geblieben, und über keine der vielen Definitionen, die ich kenne, denke ich wie über diese so häufig und so betroffen nach. –

Dies also, mein ferner, junger Freund, sind einige Gedanken zum Versuch einer Antwort auf deine Fragen. Vielleicht hat dich der eine oder der andere berührt und dir einen Blickweg geöffnet, den du noch nicht vermutetest.

Meine Tage in dem Fischerdörfchen am Argolischen Golf, voll des attischen Lichts, sind gezählt. Ich bin viel geschwommen, bis weit hinaus vor die Bucht, und einigemale auf die Felsen der Steilküste geklettert, wo sie am höchsten über das Meer ragen und woher ich mich dem Anblick des Gleißens auf der Wasserfläche am stärksten ausgesetzt empfand. Wie ein blendendes Feuer löst die Ägäis an bestimmten Tagen um die Mittagszeit für Minuten den Raum, alle Farben und Konturen auf, zerreißt sie und entbindet sie jeder Verpflichtung zum begreifbaren Bild. Das fuhr mir jedes Mal wie heiße Starre ins Blut, und ich meinte, beim geringsten Laut träten wie in den alten Mythen die Götter zu furchtbarer Mahnung aus dem Licht hervor.

Jeden Morgen, wenn ich mich mit Papier und Schreibzeug an das Tischchen unter den jahrhundertealten Ölbaum gesetzt hatte, dessen Stamm wie die unvollendete Granitskulptur eines archaischen

Meisters vor der Hauswand steht, kam der hagere und hochgewachsene weißhaarige Giorgios aus einer der weiter unten gelegenen Hütten den Pfad herauf. Mit der gleichen Gelassenheit, mit der er die paar Schritte bis hierher tat, blieb er in einiger Entfernung vor mir stehen. Niemals näherte er sich mehr als auf fünf Schritte. Er trug die schwarze Tracht, die hier alle älteren Männer tragen, hohe Schaftstiefel und die schwarze Schweißbinde mit den Troddeln über Stirn und Nacken. Immer hielt er denselben Stab in der Hand, den er leicht hob, sooft er für meinen Gruß „Kalimera!" dankte; dazu nickte er kurz und gleichmütig. Sein gradliniger, beherrschter Raubvogelblick aus den tiefliegenden Augen wich meinem Blick keine Sekunde lang aus. Wenn er so vor mir stand, war mir, als sähe ich das Meer hinter ihm in der Bucht im steigenden Tag einen Ton dunkler werden.

Schon beim ersten seiner stummen Besuche hatte ich verstanden, warum er kam. O nein, keineswegs sah er mir, dem Fremden, aus Neugierde beim Schreiben zu, obgleich er den Blick unverwandt auf mich gerichtet hielt. Nein, ich empfand es deutlich, dass er sich, während ich schrieb, als den Zeugen einer kultischen Handlung begriff. Auf seinem schmalen, braungebrannten Gesicht mit dem harten Zug um die Jochbogen und Wangen lag der Ausdruck eines großen Ernstes, wie ihn nur Menschen haben, die mit ungebrochenem Stolz in der kargen Landschaft ihrer Herkunft leben. Er stand niemals lange. Ehe er ging, nickte er mir wieder kurz und kaum wahrnehmbar zu, als wollte er mich darin bestärken, im Schreiben fortzufahren, was immer ich dabei auf mich zu nehmen habe. Dann sah ich noch einmal diesen herrischen Raubvogelblick und wusste mich dabei dem Mann in einer Bruderschaft verbunden, die zu finden allein es wert gewesen war, diese Küste anzulaufen.

Von einem Dutzend Ziegen und zwei Böcken gefolgt, über Nacken und Schultern ein junges Tier, sah ich ihn wenige Minuten später an den gelblichweiß schäumenden Blüten der drei Oleanderbäume vorbei hinter einer Hütte den Hang hinauf bergwärts steigen. Ich wartete. Dann erhob ich mich, trat um den Baumstamm herum und blickte ihm nach. Er ist sehr alt, dachte ich, er muss in jungen Jahren ein Mann von athletischem Wuchs gewesen sein. Er schritt mit dieser ruhigen, ausgreifenden Leichtigkeit den steilen Saumpfad hinan, die allen seinen Bewegungen jenes Maß an natürlicher Würde verlieh, das ich immer wieder bei Menschen dieser uralten Landschaften sah.

Indessen hatten überall um die kleine Bucht die Zikaden zu schreien begonnen; die Sonne über dem Meer stand mir im Rücken. Ich sah Giorgios oben auf der Höhe der letzten Felsenkuppe in den blauflammenden Himmel eintauchen. Danach war dort nur noch ein Flimmern, und es schien mir, als schrien die Zikaden jetzt, da ich allein war, lauter als bisher.

Morgen, wenn Giorgios wieder aus der Hütte unten tritt und heraufkommt, werde ich längst nicht mehr in der Bucht sein; ich hinterließ ihm meine Tabakpfeife mit dem Kopf aus Bruyèreholz und bat Stawros, Grüße auszurichten. Ehe der Tag anbricht, will ich mich durch die Berge nach Epidauros aufmachen – an den heiligen Ort, den die Hellenen einst aufsuchten, um in der Heilkunst ihrer Ärzte und Dichter Genesung wie Befreiung zu erfahren.

Das Bild des homerischen Giorgios aus der hellen Felsenbucht am Rande des Argolischen Golfs, der das Tier auf den Schultern trägt wie vor zweieinhalb Jahrtausenden sein Urahn, sooft er zum Opfer für die allmächtigen Götter bereit war – dies Bild, mein Freund, wird mich begleiten wie ein Glanz, der alle Zeit auslöscht auf den Wegen, die vor mir liegen.

Walter Myß*

Synthese von Interpretations- und Erzählkunst

Über die Sprache als kostbares Erbe

In einer solchen Dichte wie heute – so scheint mir – war unsere Großfamilie der Freunde des guten Buches noch nicht beisammen. Das ermutigt den Verleger, dieser Veranstaltung seines Verlags, die im offiziellen Festprogramm als „Ehrung Hans Bergel" angekündigt ist,[1] einen persönlicheren Anstrich zu geben, als dies bei solchen Anlässen üblich ist. Er hofft, dass Sie ihm das nicht verübeln werden. Er sieht sich zu dieser aufgelockerten Einführung nicht zuletzt dadurch gedrängt, dass der Geehrte, der in diesem Jahre sechzig Jahre alt wird, sein lieber und verehrter Freund ist.

Lieber Hans, auf die Frage, wodurch sich ein Schriftsteller oder gar ein Dichter von anderen Menschen unterscheide, hat ein gescheiter Zeit-

* Walter Myß (1920–2008); Kunst- und Kulturhistoriker; „Kunst und Kultur Europas von Daidalos bis Picasso" (1981–1985), 4 Bände; u. a.

1 Laudatio für Hans Bergel, 26.5.1985, Festakt in Dinkelsbühl.

genosse geantwortet: bloß dadurch, dass er immer alles aufschreiben muss. Ähnlich sagst auch Du's in Deinem jüngsten Buch, das ich für Dein bisher tiefstes halte, „Der Tod des Hirten oder Die frühen Lehrmeister".[2] Ich stelle diesen schmalen Band, den wir heute aus der Taufe heben, als ebenbürtigen Partner neben meine Lieblingsbücher von Theodor Haecker,[3] Romano Guardini,[4] Josef Pieper[5] oder Antoine de Saint-Exupéry.[6] Ihnen allen ist gemeinsam, dass sie poetische Anschaulichkeit mit denkerischer Tiefe in wunderbar anmutender Weise vereinen.

Du begründest das Problem des Alles-aufschreiben-Müssens oder des Immerschreiben-Müssens so: „Mein Leben ist Schreiben, oder es ist nicht … Denn mein Gegenstand ist die Sprache, deren sinnliche Wirkung auf mich mir früh bewusst wurde." An anderer Stelle zitierst Du dann, sozusagen als Alibi für dieses Der-Sprache-Verfallensein, Jacob

2 Der Tod des Hirten oder Die frühen Lehrmeister. Erfahrungen im Umgang mit der Sprache. Essay. Von Hans Bergel, Innsbruck 1985.

3 Theodor Haecker (1879–1945): Vergil. Vater des Abendlandes, 1931.

4 Romano Guardini (1885–1968): Hölderin, 1939.

5 Josef Pieper (1904–1997): Tradition als Herausforderung, 1963.

6 Antoine de Saint-Exupéry (1900–1944): Der kleine Prinz, 1943.

Grimms Wort vom „schaffenden Geist der Sprache."[7]

Veni creator spiritus … Es kommt also nicht nur darauf an, dass einer als Schriftsteller alles aufschreibt, sondern vor allem darauf, was und wie es ihm der schaffende Geist der Sprache eingibt, jener schöpferische Geist, der da weht, wo und wie er will – und auch nicht weht, wo und wie er eben nicht will. Diesem Wehen im „Tod des Hirten" so unmittelbar auf der Spur, hat mich eine Einblendung besonders berührt, ja, getroffen. Ich meine die Begegnung mit Deinem frühen Lehrmeister Oscar Walter Cisek.[8]

Du schilderst einprägsam, wie der damals weithin bekannte Schriftsteller, Kunsthistoriker und ehemalige Diplomat als Gutachter des Bukarester Staatsverlags eines Tages auf den jungen Schriftsteller Hans Bergel aufmerksam wurde. „Schaffen Sie mir diesen Menschen sofort her, und merken Sie sich seinen Namen", trug er den Redaktionsmitgliedern auf. Und als diese dann den jungen Bergel „her schafften", nimmt Cisek diesen – weil er erkannt hat, dass hier, wie er sagt, ein „Vollblut" sich ankündigt – stilistisch in Zucht. Erbarmungslos. Er zerreißt, zerpflückt seine Prosa, lässt keinen einzigen Satz in der ursprünglichen Formulierung stehen, jätet

7 Jacob Grimm (1785–1863): Deutsches Wörterbuch, Vorrede, 1852.

8 Oscar Walter Cisek (1897–1966).

Adjektiva. Um sich dann, nachdem die notwendige Rodungsarbeit getan ist, voll und ganz beim Verlag für den jungen Kollegen zu verwenden.[9]

Dann als Kontrapunkt zu diesem ersten Zusammentreffen einige Jahre später die zweite Begegnung mit Oscar Walter Cisek – zwischen ihr und der ersten lag Deine Zeit in kommunistischen Gefängnissen: Vor dem Haupteingang der Bukarester Universität steht ihr euch plötzlich gegenüber. Cisek erkennt Dich, er fährt zusammen und weicht Dir wie einem Geächteten mit abgewandtem Gesicht in weitem Bogen aus … Dazu notierst Du in Deinem Buch: „Nicht der Mensch, der sich aus Angst und kleinem Überlebenswunsch mutlos verhält, sondern das System, das ihn soweit bringt, seine Würde und Selbstachtung mit Füßen zu treten, sitzt hier zuallererst auf der Anklagebank."[10] – Was letztlich das gnadenhafte „Sunder warumbe" des Dichters ausmacht, das So-und-nicht-anders-Sein auch seiner Sprache, kann keiner genau bestimmen. Doch in solchen Schlüsselsätzen, wie dem eben zitierten, können wir uns ihm behutsam annähern.

Aber lassen Sie mich an dieser Stelle mehr Grundsätzliches über Bergels Buch sagen. Die Sprache „ist das schicksalentscheidende Erbe, das ein

9 Der Tod des Hirten …, S. 55–60.

10 Der Tod des Hirten …, S. 64.

Volk oder eine Kultur an die weiter gibt, die im nächsten Geschlecht kommen. Sie ist der gewichtigste Generationenvertrag – und der am meisten bedrohte ...“[11]

Die Sätze stehen in diesem Essay von weitem inneren Atem: Hans Bergel geht der Überlegung nach, was er – der Schriftsteller – von den Menschen empfing, die ihm „im Umgang mit der Sprache“ zu Lehrmeistern wurden. Er spannt den Bogen von den Hellenen und Römern bis Flaubert und Kleist, von Homer bis Ernst Jünger und Emil Cioran, dem in Paris lebenden Pfarrerssohn, und mit symbolhafter Geste wieder zu den Hellenen zurück. Dass dabei unter anderem auch „das Phänomen romanischer Kulturkontinuität“ gegen den „germanisch-teutonischen Leitbegriff der Kraft“ abgewogen wird, deutet das über Literatur und Ästhetik hinausreichende Feld geistiger Antriebskräfte an, das hier beschritten ist.

Vornehmlich Erzähler, freilich mit durchdringendem Verstand, gibt Hans Bergel dem Essay „Der Tod des Hirten“ eine dramatische Spannung von bewegender Verve. Ob er die Begegnung mit der Bildwelt der „Odyssee“, mit Kleists oder Flauberts Prosa oder die erste Zusammenkunft mit dem Romancier Oscar Walter Cisek schildert, ob er über den Zusammenstoß Goethe–Kleist, über

11 Der Tod des Hirten ..., S. 45.

seine frühe Bekanntschaft mit Werken der Weltliteratur von Cervantes' „Don Quijote" bis Jochen Kleppers „Der Vater", über die Kerkererfahrung „Dichtung als unveräußerlicher Existenzsockel" oder über den Einfluss der Musik auf sein sprachliches Gestaltungsbedürfnis schreibt – immer sind es die unkonventionelle Energie des Zugriffs und die Unmittelbarkeit des Vortrags, die der Lektüre die Dimension geben.

Walter Myß (r.) und Hans Bergel:
Überfahrt Neapel–Ischia, 1990.

Den Höhepunkt bildet dabei zweifellos die Schilderung der Begegnung mit dem Hirten: mit dem „Urlaut des Erzählens". Hier wächst die Synthese von Interpretations- und Erzählkunst zu unvergesslicher Bild- und Sprachdichte empor, und die intuitive Schau wird – im Sinne eines Wortes von Golo Mann: dass „Intuitionen die Früchte harter Arbeit" sind – zum zwingend gestalteten Sprachvorgang.

Was in dieser weit ausholenden essayistischen Arbeit Hans Bergels an Kulturerkenntnis anschaulich und lebendig gemacht wird, ist nicht allein ein Stück Literatur von hoher gedanklicher wie sprachlicher Präzision, sondern gleichzeitig eine Auseinandersetzung mit und ein Bekenntnis zu den Wurzeln europäischen Geistes im Bewusstsein der Unlösbarkeit von ihnen. Ein Meisterstück deutscher Prosa.[12]

„Glühen ist mehr als Wissen", soll Bernhard von Clairvaux gesagt haben. Ich glaube, dass dieses Glühen bei Hans Bergel immer wieder das Alpha und Omega des Schaffens ist. Damit sei keineswegs gesagt, dass das Wissen zu kurz kommt. Denn immer ist Hans Bergel auch ein Poeta doctus – was ja auch darin zum Ausdruck kommt, dass er sich so sehr zum Essay, zur Analyse, zur Theorie auch der Dichtung hingezogen fühlt. Gerade beim Lesen

12 Der Tod des Hirten …, Klappentext von Walter Myß.

dieses Buches konnte ich niemals genau bestimmen, ob in seinen Zeilen zuerst das Herz klopft oder zuerst der Kopf das Herzklopfen zügelt. Wo Bergel das Beste gelingt, sind Herz und Kopf deckungsgleich. Und genau da wird dann auch die sehnsüchtige Hoffnung jedes Künstlers, dass sich Unendliches im Endlichen festhalten lasse, zum Ereignis der Dichtung.

„In einem Zustand der Hilflosigkeit", schreibt Hans Bergel auf einer der letzten Seiten dieses kostbaren Buches, „fragte ich […] meine Mutter, ob sie mir sagen könne, was das ‚Schöne' sei. Sie blickte mich nachdenklich an und sagte: Schön ist, was einer mit Liebe betrachtet, und die Dinge, die wir mit Liebe tun, werden davon schön."[13] Diesem Satz meine uneingeschränkte Hochachtung zu erweisen, darf und will ich hier nicht versäumen; mir ist keine gültigere Definition des Schönen bekannt.

Man braucht heute auch als Dichter einen guten Magen, einen über die wechselnden Großwetterlagen unserer Geisteskultur hinaus sehr widerstandsfähigen Magen, um den seltsamen Sauerteig „schöne neue Welt" halbwegs zu verdauen und aus den Gegebenheiten Brauchbares und Herzhaftes zu machen. Mit dem „vergrößernden Liebesblick", wie der von Dir zitierte Erhart Käst-

13 Der Tod des Hirten …, S. 84.

ner schrieb, kann es dann hier und da gelingen. Ich wünsche uns allen, dass Dir dieser vergrößernde Liebesblick Deines Dichtertums auch in kommenden Jahren und Jahrzehnten erhalten bleibe.

* * *

Buchpräsentation: Der Tod des Hirten oder Die frühen Lehrmeister. 26.5.1985, Dinkelsbühl.

In der Edition Noack & Block und im Verlag Frank & Timme liegen von und über Hans Bergel außerdem vor:

Am Vorabend des Taifuns. Geschichten aus einem abenteuerlichen Leben. 368 Seiten, gebunden. ISBN 978-3-86813-002-7. 18,00 EUR.

Der schwarze Tänzer. Ausgewählte Gedichte. 154 Seiten. ISBN 978-3-86813-008-9. 16,80 EUR.

Verlorener Horizont. Fünfzig Gedichte aus dem Rumänischen. Auswahl und Übersetzung von Hans Bergel. 100 Seiten. ISBN 978-3-86813-012-6. 14,80 EUR.

Das Spiel und das Chaos. Essays und Vorträge. 196 Seiten. ISBN 978-3-86813-013-3. 18,00 EUR.

Von Palmen, Wüsten und Basaren. Reisenotizen aus Israel. 86 Seiten, gebunden. ISBN 978-3-86813-019-5. 14,80 EUR.

Europäische Impressionen. Reisebeobachtungen zwischen Klausenburg und Rom. 128 Seiten, gebunden. ISBN 978-3-86813-022-5. 14,80 EUR.

Glanz und Elend der Siebenbürger Sachsen. Rückblicke und Ausblicke eines Beteiligten. Essays. 222 Seiten, gebunden. ISBN 978-3-86813-043-0. EUR 24,80.

Blick auf die Welt. Von Menschen, Masken und Mächten. Essays. 202 Seiten, gebunden. ISBN 978-3-86813-053-9. EUR 24,80.

Der Tanz in Ketten. Roman. 304 Seiten, gebunden. ISBN 978-3-86813-026-3. 19,80 EUR.

Wenn die Adler kommen. Roman. 364 Seiten, gebunden. ISBN 978-3-86813-028-7. 22,80 EUR.

Die Wiederkehr der Wölfe. Roman. 780 Seiten, gebunden. ISBN 978-3-86813-029-4. 28,00 EUR.

Hans Bergel, Manfred Winkler: **Die Verweigerung der Negativität.** Gespräch über Hiob und Apollon. 202 Seiten. ISBN 978-3-86813-035-5. 18,00 EUR.

Manfred Winkler, Hans Bergel: **Wir setzen das Gespräch fort …** Briefwechsel eines Juden aus der Bukowina mit einem Deutschen aus Siebenbürgen (Herausgegeben und mit einem Nachwort von Renate Windisch-Middendorf). 356 Seiten, gebunden. ISBN 978-3-86596-381-9. 28,00 EUR.

Notizen eines Ruhelosen. Tagesaufzeichnungen 1995 bis 2000. 968 Seiten, gebunden. ISBN 978-3-7329-0088-6. 49,80 EUR.

Renate Windisch-Middendorf: **Der Mann ohne Vaterland.** Hans Bergel – Leben und Werk. 168 Seiten. ISBN 978-3-86596-275-1. 24,80 EUR.

FSC
www.fsc.org
MIX
Papier | Fördert gute Waldnutzung
FSC® C083411

Zeitfracht Medien GmbH
Ferdinand-Jühlke-Straße 7
99095 Erfurt, Deutschland
produktsicherheit@kolibri360.de

Druck:
CPI Druckdienstleistungen GmbH
im Auftrag der
Zeitfracht Medien GmbH
Ein Unternehmen der Zeitfracht - Gruppe
Ferdinand-Jühlke-Str. 7
99095 Erfurt